한국의 패션 저널리즘 개정판
미디어로 보는 패션의 역사와 경향

국립중앙도서관 출판시도서목록(CIP)

한국의 패션 저널리즘 : 미디어로 보는 패션의 역사와 경향 / 손미영, 이성희.
— 개정판. — 서울 : 한국방송대학교출판부, 2010
  p. ;   cm. — (아로리총서. 005, 문화와 트렌드 ; 2)

ISBN 978-89-20-00225-0 04080 : \5900

패션(fashion)
패션 잡지(—雜誌)
저널리즘(journalism)

592-KDC4
646-DDC21   CIP2010000370

한국의 패션 저널리즘 개정판
미디어로 보는 패션의 역사와 경향
ⓒ 손미영 · 이성희, 2010.

2010년 2월 16일 개정판 1쇄 펴냄

지은이 | 손미영 · 이성희
펴낸이 | 장시원

편집 | 박혜원
표지 및 본문 디자인 | 보빙사
인쇄 | 삼화인쇄

펴낸곳 | (사)한국방송통신대학교출판부
등록 1982년 6월 7일 제 1-491호
주소 서울특별시 종로구 이화동 57번지 (우)110-500
전화 (02)742-0954
팩스 (02)742-0956
홈페이지 http://press.knou.ac.kr

〈지식의 날개〉는 한국방송통신대학교출판부의
교양도서 브랜드입니다.

아로리총서 : 문화와 트렌드 - 2

한국의 패션 저널리즘 개정판
미디어로 보는 패션의 역사와 경향

손미영 · 이성희

시작하며

"2002년에 오스카 드 라 랜타가 세룰리언 블루 가운을 발표했어. 그 후에 … 연달아 8명의 다른 디자이너들의 컬렉션에 세룰리언 블루가 등장하며 전성기를 열었지. 그 유행이 끝나자 세룰리언 블루는 백화점에서 할인매장으로 다시 끔찍한 캐주얼 코너로 넘어가서 결국 너에게까지 도달한 거야. 하지만 처음 발표된 이후 흥망성쇠를 거쳐 마침내 네 손에 이르는 동안 그 세룰리언 블루는 수백만 달러어치의 가치와 일자리를 창출했어."

이는 실존하는 패션 저널리즘의 전설적인 존재인「보그」편집장 안나 윈투어(Anna Wintour)를 소재로 한 영화「악마는 프라다를 입는다」의 대사 중 일부다. 이 대사는 패션이 대중의 삶과 산업에 얼마나 오묘하고도 큰 영향을 주는지를 말해 준다. 패션이 이와 같은 영향력을 갖게 하는 이면에는 '패션 저널리즘'이 있다.

패션 저널리즘은 빠르게 변화하는 패션 산업 내에서 일주일 단위로 휘발해 버리는 패션 트렌드를 대중에게 전달하여 대중문화로 정착시킨다. 세룰리언 블루가 패션쇼를 통해 뉴욕, 밀라노, 파리, 서울 등의 컬렉션에서 차례로 선보이면, 백화점과 패션 전문점 등의 윈도우에 등장하였다가 길거리의 일반 대중의 의복에서까지 나타나게 된다. 이 길지만 빠른 과정에서 세룰리언 블루를 대중에게 확산시키는 데는 전문가를 위한 패션 컨설팅 보고서부터 원사 및 원단 전문 잡지 및 신문, 일반 패션 잡지 및 신문, 여성 잡지 및 일간

신문 등의 패션 기사 및 라이프스타일 기사 등이 큰 역할을 한다.

그러나 우리나라의 패션 저널리즘은 최근까지도 그 영향력이 대중의 눈에 쉽게 띄지는 않았던 것 같다. 사실, 한국의 패션 산업은 1960년대부터 오랜 기간 동안 다양한 패션 제품을 세계에 수출해 왔으며 현재 국내 시장 규모만 해도 20조 원이 넘는다. 그러나 50년에 걸쳐 급격한 성장을 이룬 패션 산업 분야나 학계에서 패션 저널리즘에 대한 이해나 관심은 매우 부족하다. 패션 저널리즘을 선도하고 있는 미국과 프랑스 등은 「보그」등의 유력 패션지(紙)를 통해 전 세계의 패션 및 문화 관련 산업에 막대한 영향력을 휘두르고 있다. 따라서 향후 우리나라 패션 비즈니스 및 의류학계에 도움이 되고자 패션 저널리즘의 기초가 될 수 있는 이 책을 만들었다.

이 책은 의류학 및 의상학을 공부하는 학생들, 특히 패션 저널리스트를 꿈꾸는 이들에게 우리 사회에서 패션 저널리즘이 갖는 힘과 함의를 이야기하고 있다. 국내에 패션 저널리즘과 관련된 자료가 없어서 막막해 하던 이들에게 조금이나마 위로가 되길 바란다.

마지막으로 본서가 나올 수 있도록 많은 도움을 주신 분들께 감사드린다. 우선 학문의 길을 열어 주신 고 이은영 교수님께 감사를 드린다. 그리고 방송대에서 좋은 책을 쓸 수 있도록 끊임없는 채찍질을 해주시는 가정학과 교수님들, 본서가 나올 수 있도록 기획해 주신 '지식의 날개' 관계자 여러분께 감사를 드린다.

차 례

시작하며   4

chapter 1

패션, 패션 산업과 저널리즘 ^(손미영)

패션이란   10
패션의 탄생과 저널리즘   17
패션 트렌드·정보와 저널리즘   27
패션 산업·상품과 저널리즘   32

chapter 2

패션 저널리즘 ^(손미영)

패션 저널리즘의 정의   40
패션 저널리즘의 특징과 기능   42
패션 저널리즘의 목적과 기본 요소   43
패션 저널리즘과 관련된 직종   46
패션 저널리즘과 패션 기사   51
패션 저널리즘의 비판   53

chapter 3

신문 패션 저널리즘 ^(이성희)

일간지 패션 저널리즘의 역사   60
일간지 패션 저널리즘의 기능   76
일간지 패션 저널리즘의 현황   79
일간지 패션 저널리즘의 문제점   82

패션 업계 전문지	89
패션 업계 전문지 발전 과정	90
패션 업계 전문지의 기능	90
패션 업계 전문지 저널리즘의 현황과 문제점	92

chapter 4

잡지 패션 저널리즘 (손미영)

패션 잡지와 저널리즘	96
잡지 패션 저널리즘의 역사	101
잡지 패션 저널리즘의 특성	107
잡지 패션 저널리즘의 기능	114
패션 잡지의 유형	117
라이선스 패션 잡지	120
패션 잡지 화보의 스타일링	123
패션 잡지의 현황과 문제점	125

chapter 5

온라인 패션 저널리즘 (손미영)

방송 패션 저널리즘	134
인터넷 패션 저널리즘	146
마치며	154

chapter 1

패션, 패션 산업과 저널리즘

chapter 1
패션, 패션 산업과 저널리즘

패션이란

패션의 정의

패션(fashion)이란 일반적으로 유행·풍조·양식을 일컫는 말이다. 또한 어느 일정한 시기에 특정한 사회 현상이나 생활 양식 등이 일반적으로 받아들여져 널리 퍼지는 과정을 말하기도 한다. 그러나 주로 의복이나 복식품 유행을 가리키는 말로 쓰이며, '복식유행'이라는 말로 번역되는 경우가 많다. 계절에 앞서 새로운 의복이나 액세서리를 모델에게 입혀 소개하는 패션쇼나 패션북 등과 같이 패션을 연결어로 사용한 것은 제2차 세계대전 이후부터였다.

그러면 역사적으로 패션에 대해 어떻게 이야기해 왔는지 간단히 살펴보자. 프랑스 철학자 루소는 그의 책 『학문과 예술론 *Discours sur les sciences et les arts*』에서 패션을 다음과 같이 비판하였다. "예술은 인간의 생각과 행동에 나쁜 영향을 미치며, 패션 또한 악을 숨기며 선을 파괴하는 것이다. 부패한 취향은 도덕을 소멸시키며 사치를 가져온다." 19세기 전반에 걸쳐 패션은 주로 철학자나 도덕가에 의해 비판적으로 다루어졌던 주제였으며, 패션에 대한 비평은 항상 도덕적 비판으로 이어졌다.

그러나 20세기 초반에 들어서면서 패션을 개인적·사회적 측면에서 이해하기 시작하였는데, 1930년 플뤼겔(Flugel)은 패션에 대해 다음과 같이 이야기했다. "우리가 알고 있는 패션은 우리가 그것을 이해해야 하는 것이 아니라 운명의 여신과 같이 복종하도록 하는 것이다. 사실, 지금까지의 패션의 역사는 평범한 우리 모두의 이해를 뛰어넘어서 진행되어 왔다는 사실을 보여준다. 우리에게 어떠한 이유로 패션이 생성되었는지 또는 패션이 얼마나 지속될 것인지 모르면서, 그저 따라가기만 하고 더 나아가 더 빨리 더 강하게 복종하는 것이 득이 된다는 것만을 인식시켜 왔다."

1950년대부터는 패션을 개인적 차원을 넘어서는 현상으로 여기게 되는데, 1950년 레이버(Laver)는 패션의 불합리성에 대해 다음과 같이 주장하였다. "변화가 주는 즐거움은 인생에 또 하나의 기쁨이다. 일시적 유행, 대유행, 패션의 분위기와 외설적 장면들은 잠간의 활력소가 된다. 늘 같은 것을 하고 같은 옷을 입는 사람들은 스스로 지루해 하고 다른 사람들도 역시 지루해 한다. 모든 패션은 특정 기간에 존재하며 아무도 그것이 언제, 왜, 갑자기 인기를 끌게 되었는지 모르며, 시작된 속도만큼 빠르게 사라져 버리는지도 모른다."

가와무라(Kawamura)는 패션이 의복과 어떻게 다른지, 패션이 어떻게 만들어지는지에 대해서 다음과 같이 말한다. "의복은 물질적인 상품이지만 패션은 상징적인 상품이다. 의복은 유형재지만 패션은 무형재다. 의복은 필수품이지만, 패션은 사치품이다. 의복은 실용적 기능을 하지만 패션은 신분을 나타내는 기능을 한다. 패션은 항상 특정 시기에 특정 사회에서 제도적으로 구축되어 문화적으로 확산되어야 존재하지만, 의복은 사람들이 의복을 입는 한 모든 사회와 문화권에서 존재한다. 그러나 패션의 산업적 시스템은 의류를 상징적 가치를 지닌 패션으로 전환시킨다."

■ 패션의 어원 및 유어(類語)

패션의 어원은 행위·활동·만듦새 등을 의미하는 라틴어 팍티오(factio)이며, 프랑스어로는 파송(fason), 영어로는 패션(fashion)이라고 한다. 패션의 뜻에는 만드는 법, 방법, 양식 등 본래의 의미 외에 상류계급의 관습, 양식, 유행, 유행하는 형(型)이나 만듦새 등 다양한 의미를 포함하고 있다. 동의어로 사용되는 프랑스어인 모드(mode)는 프랑스에서 패션과 거의 같은 의미로 쓰이는 말이며, 보그(vogue)는 영어와 프랑스어에서 '유행'이라는 뜻으로 쓰이는 말이다. 패션에서 파생된 패셔너블(fashionable)은 '유행하는', '유행의', '유행에 민감한' 등의 의미로, 프랑스어 아 라 모드(a la mode)에 해당된다. 비교적 단기간의 유행을 나타내는 말로는 영어의 패드(fad)와 붐(boom) 등이 있다.

패션에 대한 담론은 다양한 학자들에 의해 다양한 분야에서 비판과 긍정을 지속적으로 넘어서면서 하나의 개념으로, 하나의 학문으로 확립되어 왔다.

그러면 패션에 대한 구체적인 정의를 알아보자. 우선, 국어대사전에서 패션이라는 용어를 찾아보면, '일시적으로 많은 사람이 어떤 행동양식이나 사상 따위를 택함으로써 생기는 사회적 동조현상'이라고 정의하고 있다. 여기서 말하는 사회적 동조 행동에는 언행, 걸음걸이, 음식, 의복, 자동차와 같은 다양한 대중적 취향의 표현이 모두 속한다.

또 다른 정의를 살펴보면, '패션은 특정한 시기의 지배적인 스타일'(Nystrom, 1928), "패션은 시간과 상황에 따라 사회적으로 적합한 것으로 인식되어 다수의 사회 집단 구성원들에 의해서 일시적으로 수용되는 하나의 행동양식이다"(Sproles, 1985), "패션이란 특정한 시기에 많은 사람들이 수용하는 스타일이다. 즉, 패션이란 현재 많은 사람들이 즐겨 입는 스타일이며, 패션이란 사회 내의 확산을 통하여 형성된다"(이은영, 1997) 등 많은 정의가 있다.

그러면 패션과 유행은 다른 용어인가? 사실 '패션'을 영어로 번역한 우리 말이 '유행'인 듯하나 유행과 패션의 어감에는 차이가 있다. 유행은 마치 일시적으로 많은 사람들이 어떤 행동양식이나 사상 따위를 택함으로써 생기는 사회적 동조 현상을 그대로 나타내고 있는 듯하나 패션은 새롭고 특이한 디자인의 느낌을 강하게 준다. 더욱이 패션은 보다 서구적이고 새롭다는 느낌을 강하게 전달하는 반면 유행은 무비판적인 추종이라는 느낌을 전달한다.

따라서 패션이든 유행이든 이들 용어에는 공통점이 있는데, 이는 특정 시기에 사회 구성원 다수에 의해서 선택되는 스타일이라는 것, 그리고 항상 변화를 내포한다는 것이다. 즉 변화하지 않는 스타일은 패션이 될 수 없다.

패션은 유행하는 스타일이 무엇인지 그리고 그 유행하는 스타일이 어떻게 확산되는지를 포괄하는 개념이다. 즉 유행하는 스타일은 다음의 그림에서와 같이 시기에 따라 지속적으로 변화하므로, 패션은 '현재'의 유행 스타일이 무엇인지, 그리고 새로운 유행이 사회에 등장하여 어떤 과정을 거쳐 많은 사람들에게 착용되는지 등을 나타낸다고 할 수 있다.

▶ 20세기 패션의 변화
1920년대부터 1970년대까지의 실루엣과 스커트 길이의 변화를 한눈에 볼 수 있다.

패션과 커뮤니케이션

의복은 개인의 취향에 의해서만 선택되는 것이 아니다. 의복은 사회와의 소통을 위한 수단으로 사용되며, 사회적 활동의 한 부분이다. 사실, 우리 의복 전반을 살펴보면 그것이 면 소재든, 치마든, 맞춤복이든 우리가 살고 있는 사회를 반영하고 있음을 알 수 있다. 우리의 언어, 우리가 먹는 음식, 우리가 소속된 집단 등과 동일한 방식으로 말이다.

패션도 마찬가지다. 한 개인에 의해서 착용된다고 그 의복이 패션이 되지는 않는다. 앞에서 말했듯이 한 사회 구성원들의 대다수가 선택해야만 그 의복은 패션이 되고, 패션이라고 불릴 수 있다. 우리가 우리의 신체를 장식하고 의복을 입는 것은 현재 사회와 문화의 일부분이며 사회적으로 학습된 삶의 방식이다.

여러 학자들은 의복을 '언어(language)'에 빗대어 언급해 왔다. 의복의 품목 중 액세서리와 부속 장식품들을 형용사와 부사로 비교하기도 하였고, 옷입기를 통제하는 규칙들은 사람들이 말하는 것을 통제하는 방법인 문법과 동일한 방식임을 언급하기도 하였다.

그러면 패션을 통해 어떻게 커뮤니케이션이 발생할까? 사람들은 머리에서 머리로 직접적인 메시지를 전달하지는 못한다. 따라서 다른 사람이 지각할 수 있는 의사소통 수단을 통해서 우리의 메시지를 표현해야 한다. '언어', '의복' 등의 단어와 같이 우리가 사용하는 '기호'라는 운반 도구를 통해서 표현해야 한다. 언어는 약호화된 상징체계로서 하나의 기호는 두 가지 부분으로 이루어진다. 지각될 수 있는 물리적 형식과 메시지가 그것이다. '사과'라는 기호는 단어, 철자 그리고 소리로서 사과로 인식되며 사과를 표현하기 위해 '사과'라는 단어를 다시 사용한다.

의복이나 패션도 마찬가지이다. 의복도 기호로서 작용하며, 메시지를 주고 받기 위해서 사용된다. 예를 들어 처음 참석하는 파티나 회의, 기타 모임 장소에서 우리는 주위의 사람들을 관찰한다. 즉 사람들의 얼굴, 헤어스타일, 옷을 관찰하며 그 관찰에 기초하여 그들의 나이, 성별, 가능하다면 사회적 배경, 직업, 심지어 성격도 파악한다. 우리는 그들과 말을 주고 받기 이전에 그들의 외모가 전달하는 정보로부터 그 사람에 대한 인상을 형성하는데, 이 모든 것들이 의복이라는 기호를 해석함으로써 이루어진다.

다음의 그림을 살펴보자. 하나는 2002 월드컵에서의 한국 응원단 사진이고, 다른 하나는 찰스 영국 황태자의 결혼식 사진이다. 워낙 널리 알려진 세기의 사건들이어서 사진만 보고 쉽게 사건을 이해할 수 있지만 우리는 의복이라는 기호를 통해서, 즉 붉은 색의 티셔츠와 두건, 웨딩드레스와 예복을 통해서 2002년 월드컵 대회, 1981년 찰스 황태자 결혼식이라는 것을 인식한다.

◀ (좌) 2002년 붉은 악마의 응원
▶ (우) 1981년 찰스황태자 결혼식

그림을 하나 더 살펴보자. 다음의 그림은 2007년 대선 때 기호 1번 정동영 후보와 기호 2번 이명박 후보의 사진이다. 이 사진의 의복에서 그들의 정치적 성향을 어느 정도 읽을 수 있다. 즉 정치적 성향에 따른 의복 코드를 인식할 수 있다. 누가 보다 보수주의적 정치 성향을 표현하고 있는지, 그리고 누가 진보개혁적 정치 성향을 표현하고 있는지 쉽게 알 수 있다.

▶ 의복으로 정치적 성향을 보여준 2007년 대선 후보들

이와 같은 사례로부터 우리는 의복이나 패션에 의해 전달되는 정보의 종류가 제한적이기는 하지만 의미를 전달하는 것을 볼 수 있다. 즉, 월드컵이나 결혼과 같은 상황, 또는 보수나 진보 등의 성향, 역할이나 지위 등과 같은 것들에 대한 정보를 전달한다.

의복은 장기적으로는 여성·남성, 군인·사업가 등과 같은 역할이나 지위를 계속해서 표현하고 확인하는 데 이용되며, 또한 단기적으로는 몇 시간의 결혼식에서 신부복, 연말 파티에서 파티복 등으로 상황을 표현하기도 한다. 이외에도 한 해와 하루를 가르는 사회적 구분에도 의복은 사용된다. 우리는 하루 동안 행하는 활동에 따라서 옷을 달리 입는다. 즉 집에서 청소할 때, 저녁에 외출할 때, 테니스를 칠 때, 잠자리에 들 때 등 서로 다른 상황에 맞춰 옷을 갈아 입는다. 이것이 실용적 측면이든지 아니면 기능적 측면에서 필요에 의해서든지 그러한 선택 행동들은 타인에게 내가 어떤 상황에 있는지, 어떤 활동을 하고 있는지를 말해 준다.

옷은 청중, 관찰자, 대면자에게 끊임없이 착용자에 대한 정보를 노출한다. 즉, 우리 모두는 옷을 통해 커뮤니케이션을 하고 있는 것이다.

패션의 탄생과 저널리즘

뉴스로서의 패션

패션은 '뉴스'다. TV, 라디오, 신문 등은 국제적인 패션쇼와 영국의 패션쇼, 젊은이들이 착용하는 스타일, 거리 패션, 유명한 사람들의 옷 등을 다룬다. 패션에 관한 기사는 대다수 여성잡지의 중요한 주제 중 하나고, 그와 관련된 기사가 대부분의 전국지와 지방지에 정기적으로 게재된다. 매체들이 높은 관심을 보임에도 불구하고 패션은 일반적으로 '진짜 뉴스' 란에 등장할 정도로 중대한 주제로 간주되지는 않는다. 많은 이들이 패션은 사치며 사소하고 경박한 재미 중 하나라고 생각하고 있지만 패션은 언제나 뉴스의 소재로 사용된다.

패션이 항상 뉴스가 될 수 있는 이유는 무엇인가? 사치와 재미, 경박한 재미만으로는 항상 뉴스가 될 수 없다. 대중이 공감하는 새로움이나 변화를 내포해야만 한다. 사실, 패션 산업은 단지 적합하거나 입을 수 있을 것 같은 의복만을 생산하지는 않으며 혁신적인 스타일, 새로운 스타일을 생산하려 한다. 패션제품은 자동차나 전자제품과 같이 성능이 향상된 제품만을 요구하지 않으며, 더 오래 입을 수 있거나 더 따뜻한 것을 주장하지도 않는다. 단지 다른 것만을 추구한다. 즉, 패션은 변화 그 자체를 추구하는 것이다.

그리고 패션을 뉴스 소재로 만들려는 거대 집단의 네트워크가 존재한다. 즉, 유행하는 옷의 이용을 가능하게 하는 디자이너, 제조업자, 도매업자, 소매업자의 네트워크와 판매를 촉진시키는 PR 담당자, 기자, 광고사의 네크워크가 있다. 이들은 대중이 새롭게 등장한 패션 스타일이나 디자인을 패션으로 인식하고 선택하여 착용토록 하기 위해 동시에 집중적으로 대중을 공략한다.

■ 패션의 조건

패션이 마치 창조적인 디자이너에 의해서 만들어지는 것이라고 생각되지만 사실은 그렇지 않다. 유행은 한 개인에 의해 창조되는 것이 아니라 유행과 관련된 모든 이에 의해서 창조된다. 이러한 이유로 많은 학자들은 패션을 집합행동(Collective Behavior)이라고 생각한다. 특정한 의복 스타일이나 착용 방식이 사회의 많은 사람들에 의해서 채택되어야만 비로소 패션이 될 수 있다. 즉 다수의 사람에 의해 채택되어 착용되기 전까지는 패션이라 할 수 없다. 새롭게 등장한 의복 스타일이 널리 유행하게 되면 그때 비로소 패션이라고 부를 수 있다. 또 하나의 조건이 있다. 즉 패션이 되려면, 그 의복 스타일이 소비 단계에 이르기 전에 많은 사람들에 의해 유행으로 인식되어야 한다. 사람들은 그 의복을 입지만 그들이 입고 소비하는 것이 의복이 아니라 패션이라고 믿거나 그러기를 희망한다. 이러한 신념은 패션의 사회적 경험을 형성하며, 이는 의복이 단순한 의복 이상의 의미를 갖게 만든다.

유니야 가와무라(Yuniya Kawamura), 『패셔놀로지 : 패션학개론 *Fashion-ology : An Introduction to Fashion Studies*』 중에서

패션은 상품 이상의 것이며 산업의 산물 이상의 것이다. 패션은 스타일이라는 특성을 가져야 하고, 특정한 의복 스타일이 유행되기 위해서는 다수의 사람들이 실제로 그것을 입고 하나의 패션으로 인식해야 한다. 즉 제조업자가 파란 색의 양말을 생산하여 몇몇 사람들이 그것을 착용했다는 것만으로는 충분하지 않다. 또한, 많은 사람들이 파란 색의 양말을 신었다고 해서도 패션이 되지는 않는다. 파란 색 양말이 최신 스타일로 인정될 때 비로소 패션이 될 수 있다.

엘리자베스 루즈(Elizabeth Rouse), 『패션의 이해 *Understanding Fashion*』 중에서

패션의 탄생과 변화

그러면 패션은 어떻게 탄생하고 변화할까? 패션의 탄생이나 변화에 대해 알려진 가장 일반적인 견해는 패션이 우리에게 보다 많은 돈을 쓰게 하려는 의류 제조업자들의 음모에서 비롯된 것이라는 주장이다. 즉 디자이너, 의류 제조업자, 마케터 등이 시장에 자극을 주고 거래를 늘리기 위해 새로운 패션을 지속적으로 창출하여 시장에 내놓는다는 것이다. 더욱이 사람들에게 유행을 따르게 하기 위해, 예전 옷을 옷장 안에 버리도록 하기 위해 극적인 변화를 꾀하고 이를 위해 디자이너들이 마피아처럼 공모한다는 것이다. 최근 우리는 전혀 다른 피부와 눈, 머리의 색을 가진 지구 반대편 사람들이 우리와 동시에 거의 유사한 스타일을 입는 것을 쉽게 볼 수 있다. 과연 공모의 덕인가?

유명 하이패션 디자이너나 명품 디자이너들이 대중과 언론의 주목을 받는 유명 인사나 스타, 모델들에게 자신들의 옷을 입는 대가로 돈을 지불하여 대중을 자신의 패션으로 유도하려는 사례들을 많이 볼 수 있다. 패션 리더들인 유명 인사나 연예계 스타, 모델들에게 자신이 디자인한 것을 입혀 대중들에게 어필하려는 의도이거나 그 디자인이 패션으로 정립되었다는 인상을 주기 위한 것이다. 이러한 의도가 항상 성공했다면, 아마도 유명 디자이너나 브랜드, 기업들은 지속적인 성공을 거두었을 것이다.

그리고 가끔 원하는 스타일이나 디자인을 구입하고자 할 때 대부분의 디자이너 부티크나 백화점, 의류 점포에서 마치 제조업체와 거대한 음모라도 공유하는 양, 유독 그 스타일이나 디자인을 찾아볼 수 없을 때도 많다.

그러나 패션 산업의 구조를 고려해 볼 때 음모는 있을 수 없다.

왜냐하면 디자이너나 제조업체, 점포들은 대부분 서로 경쟁 관계에 있기 때문이다. 따라서 만일 동시에 동일한 스타일이나 디자인을 내놓았을 때 그 디자인이 선택되지 않으면 모두 망할 수 있다. 또한 유명 디자이너들 대부분이 당대의 유명세에서 언젠가는 비켜나게 마련이고, 유명 브랜드의 수석 디자이너들 역시 항상 교체되고 있으며, 지는 브랜드와 뜨는 브랜드가 지속적으로 존재한다. 이는 공모에 의해 패션이 탄생되는 것이 아님을 보여 주는 단적인 근거가 될 것이다.

그렇다면 무엇이, 누가 패션의 탄생과 변화를 만드는가? 패션의 탄생과 변화에 관한 일반적인 견해 중 또 하나는 패션 변화가 권태에 의해서 만들어진다는 것이다. 이는 어느 정도 사실인 듯하다. 우리는 가진 옷들에 대해 쉽게 싫증을 내기 때문에 새 옷을 구입한다. 많은 의류학 개론서에 나타난 다음과 같은 말들은 이러한 현상을 뒷받침한다. "패션에 대한 관심과 패션 변화의 동기는 현재의 패션에 대한 권태, 호기심, 변화 욕구, 자기 확신, 관습에 대한 반란, 동조성, 모방 심리 등등이다."

그리고 다음과 같은 글들도 있다. "인간은 물성(物性) 위주의 절대 가치보다는 심리적인 욕망 위주의 감각적인 가치를 추구하는 경향이 있어 인간 그 자체를 나타내거나 인간과 일체가 되는 의복이 중요시되어 왔다. 패션은 개인적 의사 표시이기 이전에 사회적 표시이며 사회적 속성을 지닌 것이라 할 수 있다. 즉 자기를 표현하며 변화나 새로움을 추구하기는 하지만, 관습을 따르고 모방함으로써 사회에 적응하려고 하는 개인과 사회 사이의 모순과 대립 관계 속에 패션의 본질이 있다고 할 수 있다. 더욱이 생활 수준이 높아지고 생활에 개성화·다양화가 요구되자 새로움을 추구하여 자신의 고립화를 탈피하려는 욕구가 커지게 되었다. 이에 따라 자신의 존재를 알리기 위하여 평범하고 흔한 것에서부터 탈피하려는 노력이 진행되어 새로운 스타일이 만들어지게 되고, 이것이 여러 가지 조건 아래에서 공감대가 형성되면 모방하려는 욕구를 가지게 된다. 이러한 욕구가 확대되면서 새로운 스타일과 결합하여 패션이 성립된다."

만일 패션의 변화가 인간의 본성에 의해 만들어진다면, 왜 이것은 보편적이지 않을까? 자세히 살펴 보면 변화하는 의상 스타일을 모든 곳에서 모든 사람들이 따르지는 않는다. 세계의 많은 사람들은 상대적으로 변화가 없는 그들만의 전통 복식을 입는 경우도 많으며 그것에 만족하기도 한다. 사람들이 지루함을 느끼는 것은 사회에서 패션이라는 존재, 변화하는 스타일의 이미지에 의해 둘러싸여 있고 그것을 채택하도록 강요당하고 있기 때문인지도 모른다.

패션에서 새로움이 필요하다는 가정에 근거를 둔 또 다른 주장은 성감대 이동 이론이다. 사실 성감대 이동 이론을 주장하였던 이론가들은 다음과 같은 말을 한다. "패션의 변화 주제로 가슴(목선), 허리(복부), 엉덩이, 다리, 팔, 신체 자체의 길이(또는 둘레) 등 신체 기관들이 '등장' 했다가 '퇴장' 하며, 순서대로 신체의 특정 부위가 스타일의 변화와 함께 강조되었다가 이동한다. 즉, 패션이 변화함에 따라 신체의 한 부분에서 다른 부분으로 초점이 이동하며 이 초점에 시선이 집중된다."

마지막으로 패션의 탄생과 변화를 설명하는 또 다른 견해는 사회적 경쟁, 즉 사회의 엘리트를 모방하려는 욕망에서 패션이 탄생하고 변화한다는 이론이다. 최신의 패션은 단지 상류 계급(계층)에만 영향을 미치며, 하류 계급(계층)이 상류 계층의 스타일을 베끼기 시작하자 마자 상류 계층은 대중과 구별되기 위해 그들만의 새로운 스타일을 채택한다. 하류 계층이 상류 계층에서 설정한 경계선을 넘고 획일성을 파괴하기 시작하면 상류 계층은 그들과의 구별을 위해서 새로운 최신 유행을 다시 추구하려 한다는 것이다.

사실, 혁신적 스타일은 '최고' 디자이너들에 의해 탄생되기 때문에 패션 산업 내부에는 상류 및 하류의 위계질서가 존재한다. 대부분의 디자이너나 패션 기업들은 디자인을 위한 영감을 얻기 위해 최고의 디자인들을 참고로 해서 디자인하기도 하며, 불법적으로 복제하기도 한다. 옷이 착용되는 계절보다 훨씬 이전에 패션 컬렉션들이 발표되기 때문에 주문에 맞춰 옷을 제작하거나 스타일을 모방할 시간이 충분히 주어진다.

그러나 이러한 이론은 많은 비판들을 불러왔다. 패션 변화는 하류 계급이 부자나 사회적으로 위신이 있는 사람들의 의상 스타일을 모방하기 때문에 발생한 것이 아니다. 패션 산업과 각종 미디어는 이전 스타일이 사회적 위계질서를 통해 작용했는가 하는 것과는 무관하게 마케팅 전략과 뉴스 소재를 위해 새롭게 각 계절마다 새로운 스타일을 소개한다. 디자이너와 제조업자에 의해 새롭게 창출된 스타일은 산업 내부, 즉 제조업체, 도매업체, 소매업체 속에서 강도 높은 선택의 과정을 겪으며 탄생한다. 그리고 몇몇 스타일들은 처음부터 낮은 지위의 집단에 의해서 착용되다가 유행이 되었던 예도 많다. 실제로 많은 아이디어들이 작업복이나 운동복 스타일, 민속 스타일, 스트리트 스타일 등에서 등장한 예가 많다.

사람들은 어느 시대나 그 시대의 패션을 가장 아름답고 가장 논리적인 의상 표현이라고 생각하므로 비정상적으로 보이는 패션 스타일이 탄생될 때도 있다. 그 예를 로코코 시대에 극도로 부풀린 스커트 후프(파니에)나 1900년 전후 부자연스럽게 S자 형으로 만든 여성 실루엣 등에서 찾아 볼 수 있다. 이처럼 패션이 충동적이고 비합리적이더라도 사람들이 그것을 받아들이면, 패션은 전체적으로 사회 그 자체이고 사회 문화를 변화시키는 힘을 지니게 된다.

▶ S자형 실루엣과 S자형 실루엣을 만들기 위한 코르셋

패션의 역사

그러면 역사적으로는 패션이 어떻게 시작되었는지 살펴보자. 고대 사회나 봉건 사회에서는 계급제와 전통, 관습에 의한 규제 때문에 자기 표현에 대한 욕구를 가질 수 없었고 실현시킬 사회적 조건도 전혀 갖추지 못했었다. 그러다 근대, 특히 도시 시민 사회에 이르러 계급제와 같은 제약이 없어지면서 비로소 새로운 스타일을 자유롭게 받아들일 수 있게 되었다. 이것은 사회 그 나름대로의 조

건이 갖추어질 때 패션이 탄생할 수 있다는 것을 보여준다.

서구 유럽에서 패션은 봉건제도의 붕괴와 함께 발전하는 양상을 보인다. 사실 14세기 이전에도 의상 스타일에 변화가 있기는 했지만 그 속도가 완만하여 거의 안정적이었다. 그러나 14세기부터 스타일은 보다 빠르게 변화하기 시작하였고, 부를 가진 왕족 및 귀족, 부자들은 단지 '낡은 스타일'이라는 이유로 옷을 버리기 시작하였다. 16세기에 이르면 유행하지 않은 옷을 입는 것은 열등함의 표시라고 생각하기도 하였다.

16세기 계급제의 붕괴와 함께 등장한 의상 스타일의 변화 체계는 중상 자본주의 및 도시 생활의 발달과 더불어 일어났다고 볼 수 있다. 무역의 발달로 인해 도시와 부르주아 계급의 성장이 결합하면서 특정 상인이나 개인들이 상당한 부를 축적하게 되었고, 이는 곧 새로운 사상, 새로운 상품, 부의 새로운 원천 등의 등장으로 이어졌다.

새롭게 부를 획득하기 시작한 중산층 부르주아 계급은 기사 계급과 경쟁하는 것을 바라지 않고 그들보다 더 높아지기 원했기 때문에 자연스럽게 가장 눈에 띄는 의상을 찾게 되었다. 의상은 한 개인의 변화된 환경이나 새로운 의식, 생각을 가장 잘 빠르게 표현할 수 있는 기능을 가졌기 때문에 이러한 목표를 달성하기 위한 도구로 사용된 것이다. 따라서 새로운 스타일이나 모드가 등장하기 시작했고 이들은 이전보다 더 빠르고 더 자주 변화하기 시작하였다. 이전에 중세 봉건제도에서의 성(城)은 개인의 과시를 위한 기회를 별로 제공하지 못했다. 그러나 도시 생활은 보다 집단적이었고 사회적으로 이동하기 쉬웠다. 혈통은 이전만큼 중요하지 않았고 일정 시기에 특정 지위가 보다 큰 영향력을 갖기 시작했다. 즉,

도시 생활은 사회적 상호작용을 위한 새로운 활동 무대를 제공하였고 외부를 향한 과시는 부를 공개적으로 표현하는 수단이 되었다. 따라서 부나 위신을 나타내는 하나의 수단으로써 의상 스타일, 특히 변화하는 의상 스타일을 사용하기 시작하였다.

16세기의 이러한 변화를 거쳐 르네상스 시대부터 복장에 대한 관심이 높아져 패션이 나타나기 시작했으며, 17세기 이후 파리와 런던이 각각 여성복과 남성복으로 유럽 패션에서 우위를 지켰다. 그러나 여전히 르네상스에서 18세기까지의 패션은 왕족과 귀족의 전유물이었고 프랑스 혁명을 거쳐 19세기에 이르러서야 일반화되기 시작하였다.

19세기 중반 이후 20세기에 들어서면서 도시화와 산업화는 패션을 위한 이상적인 배경을 제공하였다. 도시화와 산업화로 인해 경제적으로 안정되고 부유한 중산층이 등장하자 이제 패션은 더 이상 귀족이나 왕족, 부유층의 전유물이 아니었다. 중산 계층의 모든 이들이 패션을 추구하게 되었다. 더욱이 사회 관계가 더욱 익명화되고 이질적으로 되어 가면서 도시 생활과 규모가 큰 산업 도시의 발달은 사회적 상호작용에서 의상이나 패션의 단서에 대한 신뢰성을 더욱 증가시켰다. 패션이 지위와 입장의 표지 역할을 하기 시작한 것이다.

이에 따라 20세기에 들어서 패션에 큰 변화가 일어나 코르셋으로 부자연스러운 S자 체형을 이루고 있던 여성들이 코르셋을 벗어버리고 입기 쉽고 활동성 있는 의복을 요구하였다. 1910년대 과도기를 거쳐 제1차 세계대전 후 여성의 사회 진출이 늘어나면서 직선적인 디자인을 선호하였고 스커트가 짧아지는 등 활동적인 패션이 유행하였다. 미국에서는 파리 패션을 이어받아 시장이 거대해

졌으며, 파리에서 매년 새로운 패션을 발표하면 그것이 전세계에 퍼져 나가 스커트 길이가 해마다 바뀌는 등 패션 사이클이 나타나게 되었다.

패션 트렌드 · 정보와 저널리즘

21세기 들어 패션 산업의 외적 팽창은 정보화 사회로의 급격한 진입과 함께 엄청난 양의 패션 정보를 쏟아내고 있다. TV와 라디오, 케이블 TV, 신문, 잡지, 인터넷 등에서 패션에 관한 뉴스를 접하는 것은 이제 일상이 되었다.

이러한 매체들을 통해 생산되고 대중에 유통되는 패션 정보란 어떤 것들일까? 우선 패션 정보란 무엇인지를 알아보자. 정보(information)란 사건이나 생활에 관한 소식이나 자료, 사람이나 사물에 관한 사실, 저장되어 사용될 수 있는 사실이나 수치들로 정의된다. 패션과 관련된 정보는 그 사용 목적에 따라 매우 방대하고 다양해질 수 있다. 한 개인이 자신의 패션 생활이나 활동을 위해서 추구하는 정보인지, 아니면 패션 제조와 관련된 디자이너, 제조업자, 유통업자 등이 상품의 개발과 제조, 판매를 위해서 추구하는 정보인지에 따라서 그 내용이 달라진다.

한 개인이 자신의 패션 스타일을 위해 추구하는 패션 정보는 대체로 패션 트렌드 정보에 국한되는 경우가 많다. 따라서 각종 매체의 뉴스, 패션 신문이나 잡지, 정보지, 패션 점포의 디스플레이나 팸플릿, 거리의 패션 등으로부터 패션 정보들을 추구한다. 여기서 말하는 패션 트렌드 정보란 스타일이나 실루엣, 색상, 소재, 디테일, 프린트·패턴, 아이템, 액세서리, 헤어스타일·메이크업 등에 관한 것들이 대부분이다.

 그러나 패션 제품의 개발·생산·판매와 관련된 패션 산업에서 추구하는 패션 정보는 매우 다양하다. 여기에서는 거시적 패션 환경 정보, 패션 시장 정보, 패션 소비자 정보, 패션 산업 정보, 패션 트렌드 정보 등에 대해 우선 살펴보자. 이 모든 정보들은 매우 유기적으로 관련되어 있다.

 거시적 패션 환경 정보란 패션 제품의 개발·생산·판매 및 패션 기업의 경영 등에 영향을 미칠 수 있는 국내외 정치, 경제, 사회, 문화, 기술적 동향이나 인구통계적 동향을 말한다.

 패션 시장 정보란 거시적 패션 환경에 영향을 받아 변화하는 전체 패션 시장의 규모와 성장률, 각 세분 시장의 규모와 성장률, 성공적인 패션 기업체들의 시장점유율 등을 말한다.

 패션 소비자 정보란 소비자의 패션 스타일 및 패션 제품의 선택 및 구매 등과 관련된 패션 생활에 영향을 미치는 소비자의 심리적 요인 및 외부 요인에 대한 정보다. 즉 패션 소비자의 욕구, 태도, 개성, 라이프 스타일, 구매 동기 등의 심리적 요인과 전반적인 패션 소비자의 가치, 문화, 준거집단, 가족, 사회 계층 등 외부 요인에 대한 정보를 말한다.

 패션 산업 정보란 패션 제품의 개발·생산·판매와 관련된 산업 정보를 말한다. 즉 패션 제품의 원부자재 업체, 하청공장을 비롯한 제조업체, 소매업체를 포함하는 유통업체 등과 관련된 정보를 말한다. 패션 트렌드 정보란 향후 패션 소비자들이 어떤 패션 제품을 선택할 것인가와 관련된 전반적인 유행 경향이나 테마(주제), 유행 색채와 패턴, 소재, 스타일·실루엣, 아이템 등에 관한 정보다.

이상에서 본 바와 같이 패션 정보에는 다양한 유형들이 있다. 그러나 일반적으로 패션 정보라 하면 패션 트렌드 정보를 지칭한다.

그러면 패션 트렌드 정보는 어디서 생성되고 유통되어 일반 대중에 전달될까? 패션 트렌드 정보가 어디서 생성·생산되는지는 패션 정보의 유형만큼이나 복잡하고 다양하여 단적으로 말하기가 쉽지 않다. 패션 트렌드 정보의 출처를 보다 쉽게 이해하고 알기 위해서는 아마도 패션 디자이너나 패션 기업들의 패션 트렌드 예측 과정을 살펴보는 것이 좋을 것이다. 패션 디자인을 항상 새롭게 창출하기 위해 각고의 노력을 하는 디자이너나 디자인 개발팀들이 패션 디자인의 아이디어나 영감을 얻기 위한 과정을 살펴보면 패션 트렌드 정보의 출처에 근접해 갈 수 있다.

일반적으로 패션 디자인에 대한 아이디어는 디자이너의 직관이나 영감으로부터 얻어지기도 하지만 대부분 다양한 아이디어 원천으로부터 수집된 정보를 토대로 얻어진다. 다양한 아이디어 원천 중 미래의 패션 트렌드를 가장 예리하게 지각하여 예측하는 패션 전문 정보기관은 가장 먼저 패션 트렌드 정보를 생성하는 기관 중 하나라고 볼 수 있다.

패션 트렌드는 2년 전부터 예측되는데 패션 디자이너나 패션 기업들은 패션 제품이 본 시즌에 출시될 때까지 각각의 패션 예측 정보 기관이 제안하는 각종 정보의 타이밍에 민감하게 반응하여 움직인다. 다시 말하면, 패션 트렌드 정보는 그 유형에 따라 흐름을 갖는다. 이를 패션 트렌드 정보의 흐름이라고 하는데, 이를 가장 잘 나타내는 것이 패션 정보 캘린더라고 할 수 있다.

본 시즌 24개월 전에 국제유행색협회의 회원국들이 모여 국제유행색을 예측하고 18개월 전에는 각국의 색채 전문 기관들이 자국에서 유행할 색채들을 제시하게 된다. 그 후 패션 정보 기관이나 패션 전문 정보지들이 유행 색채나 테마(주제), 소재, 스타일에 대한 정보를 제공한다. 유행 소재에 대한 정보는 색채보다 6개월에서 1년 정도 뒤에 각국의 소재박람회나 전시회에서 제안된다. 여기서 확인된 유행 소재를 중심으로 패션 제조업체들은 유행할 스타일을 개발하여 6개월 전에 컬렉션이나 의류 박람회에서 선보인다. 패션 컬렉션이나 박람회는 바이어나 소매업자들이 참여하여 다음 시즌에 유행될 것으로 예측되는 패션 제품들을 주문하는 행사라 할 수 있다.

▶ 패션박람회 중 하나인 프리미어 비종(Premiere Vision) 2009 S/S
프리미어 비종은 1974년 프랑스에서 시작된 국제적 직물박람회다. 2009 S/S에서는 28개국에서 온 703개의 섬유업체들이 다양한 컬렉션을 선보였고 21개의 직조업체가 처음으로 전시를 시도했다. 한국에서는 새한이 릴렉스관에 참여했다.

패션 디자이너나 패션 디자인 개발팀은 패션 디자인을 창출하기 위해 위에서 보는 것과 같이 국제유행색협회를 비롯한 각종 패션 정보기관 및 협회, 컬렉션과 박람회, 패션 정보지와 잡지에서 패션 정보를 수집할 뿐 아니라 현재의 대중문화나 예술, 디자인과 관련된 제품을 통해서도 수집하며, 특히 미술관이나 박물관, 전시, 음악, 영화, 산업디자인, 벼룩시장, 온라인 UCC 영상으로부터도 패션 영감을 줄 수 있는 패션 정보를 수집한다.

이렇게 생성·생산된 패션 트렌드 정보는 일반 대중에게 어필하기에는 너무 전문적이고 산업적이라 할 수 있다. 이 정보는 다양한 매체를 통해서 보다 대중적으로 가공되어 일반 소비 대중들에게 유통 및 확산된다. 대중에게 보다 쉽게 수용될 수 있는 패션 트렌드 정보로 다시 생성·생산되기 위해서는 다양한 매체에서 뉴스 및 기사화, 또는 인용 및 사용되는 과정을 거친다. 즉 일반 신문 및 패션 신문, 여성지 및 패션 잡지, TV와 케이블 TV, 영화 등 영상 매체, 인터넷 등에서 패션 트렌드 정보와 관련된 내용들이 다시 수집되고 대중에 어필할 수 있도록 가공되어 기사화 또는 영상화된다.

패션이나 유행 정보 흐름이 다양한 매스미디어를 통해서 등장하는 사례를 살펴보자. 우선 패션 기사는 패션, 패션 트렌드, 패션 상품을 다루는 패션 산업 전 영역에서 발생한 새로운 뉴스가 일간 신문이나 패션 신문, 여성지, 패션 잡지, TV 등에 등장한다. 특히 일간지의 문화면 중 여성란의 일부로 '시각적 정보 제공 역할'을 하는 패션 기사 화보가 주로 등장하여 패션 트렌드에 대한 전반적인 정보를 제공한다. 패션 전문지의 패션 기사는 보다 산업적인 측면이 강조되는데, 즉 특정 분야 특정 업계의 관계자를 독자로 하기 때문에 광고성 기사를 배포한다. 패션 잡지는 오래 전부터 패션 업계와의 관계가 구축되어 패션 정보를 생산 유통하는 대표적인 미디어라 볼 수 있다. 특히 컬러 화보 지면을 통해 패션 잡지만의 고유한 전달 방식으로 대중과 독자들을 설득한다. 그리고 TV, 특히 동아TV나 온스타일과 같은 케이블 TV는 영상 매체를 통해 유명 패션 컬렉션과 패션 명품 이야기를 특집으로 하여 패션이나 패션 트렌드에 대한 정보를 불특정 다수에게 전달한다.

패션 산업 · 상품과 저널리즘

패션은 거대한 산업이다. 1930년 플뤼겔은 패션 산업의 규모가 지속적으로 커질 것에 대해 다음과 같이 예측하였다. "패션이 점차 확대되면서, 그리고 기업의 이윤이 점차 커지고 패션을 요구하는 의복의 범주가 확대되고 혁신적인 스타일을 요구하는 의복이 끊임없이 생산되기 위해서는 대기업이 등장할 것이다." 사실, 20세기에 들어와 대중의 수입과 여가 시간이 늘어나고 매스미디어와 수송 기관 등의 발달로 패션은 하나의 거대 산업으로서 발전하게 되었고 지속적으로 유행을 만들어냈다. 패션 기업이 시장의 규모와 이익을 위해 마케팅을 통해 소비자로 하여금 유행을 지속적으로 소비하도록 함으로써 패션 산업은 몇 백만 명의 고용 증가와 몇 십억 달러의 수익을 올릴 수 있는 거대한 경제 효과를 창출하게 되었다.

■ 한국의 패션 산업

한국의 패션 산업은 1917년 조선방직주식회사와 1919년 경성방직이 설립되면서 섬유산업으로 시작하였다. 처음에는 비교적 값싼 노동력을 이용하는 노동집약적 산업으로 출발하여 1960년대 초 대량 생산체제가 이루어졌다. 1970년대 초 한국 여성의류 산업의 경우, 소수 디자이너들이 소규모 부티크 형태로 기성복을 생산 판매하는 수준이었으나 1972년 화신산업 레나운, 1974년 반도패션, 1977년 코오롱 벨라와 제일모직 라보떼, 삼성물산 등 대기업이 기성복 제조에 참여하면서 패션 산업이 시작되었다. 그 뒤 GNP가 상승하고 여성의 사회 진출이 확대되자 생활 양식이 변화하는 등 의식 변화가 생기면서 한국 패션 산업의 가능성이 보이기 시작하였다. 특히 1970년대 중반 이후 대기업이 기성복을 생산하면서 품질 경쟁을 하여 품질을 높이자 소비자의 기성복에 대한 인식이 달라지면서 활기를 띠게 되었다. 1980년 컬러 TV 시대 개막과 1982년 중고교 교복 및 두발 자율화는 한국 의류산업계에 영향을 주었고, 1986년 아시안게임과 1988년 올림픽의 서울 개최 발표 이후 스포츠 의류 메이커가 증가하였다. 이와 같이 정보 전달 미디어에 의존하고 있는 현대 패션은 세계적으로 서로 영향을 주고 받으며 일정한 양상으로 발전해 가고 있다. 1991년 우리나라 의류 수출 실적은 71억 4,066만 5,000달러, 수입은 1억 7,276만 달러를 기록하였다. 그러나 1997년에 몰아닥친 IMF 한파로 부도·회의결정·워크아웃 등 한바탕 홍역을 치른 패션업계는 1999년 경기 회복에 힘입어 재도약의 기지개를 켰다. 패션 용품이 밀집한 패션 전문점이 지방에 들어서고 백화점에는 수입품을 포함한 유명 브랜드의 점포가 늘었으며 고급 소재 옷들이 다시 매장을 채웠다.

오늘날의 패션은 패션 산업에 의하여 완성품으로 만들어지고 소비자에 의해 착용되는데, 이 과정을 다음의 각 분야가 뒷받침한다.

- **생산** | 의복 소재를 공급하는 섬유 산업과 의복 생산을 담당하는 제조 산업(어패럴 산업)으로 구성되며, 전자를 1차 메이커, 후자를 2차 메이커라 한다.
- **유통** | 상사(商社)·옷감 중개상·도매업자 등으로 구성되며, 원료 단계에서 소매까지의 과정에서 실이나 옷감 또는 의류 제품을 전달하는 중개 역할을 한다.
- **소매** | 소비자에게 직접 상품을 판매하는 분야로 백화점이나 부티크 등이 이를 담당한다.
- **정보** | 패션은 많은 사람들에게 수용되고 착용되는 것이므로 생산자는 소비자가 무엇에 공감을 하고 있는지 등의 정확한 예측을 필요로 하고, 소비자는 급속히 변화하는 사회 속에서 새로운 패션 정보를 찾고자 한다. 즉, 정보는 생산자나 소비자 모두에게 요구되며 상호간에 긴밀한 영향을 주고 받게 해준다. 정보 의존성이 강한 패션 산업은 색상·소재·스타일 경향 예측·소비자 심리·시장 분위기·타점(他店) 상황 등의 직접적인 정보 외에 예술·예능·스포츠·풍속·사상·정치·경제의 움직임 등 다양한 정보를 받아들이고 있다. 생산자에게는 이러한 정보들을 신속하게 수집하여 정확한 분석과 취사 선택하는 문제가 중요시되므로, 패션 기업은 전문적인 정보 수집과 분석 부문을 갖추고 있으며, 전문적인 패션 정보 회사도 생겨나고 있다. 또한 새로운 패션 정보는 전문적인 패션 잡지나 신문 또는 TV, 즉 패션 저널리즘을 통하여 얻을 수 있다. 특히 오늘날 패션 전달

의 중요한 매체가 되는 패션 잡지는 18세기 말에 생겨나 19세기에 발전하였으며, 전시회·패션쇼·광고 등도 정보 전달의 중요한 역할을 하고 있다. 이렇듯 다양한 정보 전달에 의하여 소비자가 공감할 때 정보는 현실화되고 패션화하는 것이다.

이러한 패션을 상품으로 창출하여 대중에서 유통·판매하기 위해서는 다양한 커뮤니케이션 노력이 필요하다. 패션을 상품으로 창출하는 디자이너, 제조업자, 도매업자, 소매업자의 네트워크에서 뿜어내는 패션과 상품에 대한 커뮤니케이션과 유통·판매를 촉진시키는 PR 담당자, 기자, 광고사의 네크워크에서 방출하는 커뮤니케이션, 그리고 가장 중요한 패션 대중과의 커뮤니케이션 등의 노력이 필요하다.

일반적으로 패션 상품이 소비자에게 전달되는 커뮤니케이션 수단은 대체로 광고, 홍보·PR, 판매 촉진, VMD 등으로 볼 수 있다.

- **광고** | 광고주, 즉 패션 기업이 자사의 아이디어, 상품, 서비스를 다양한 매체를 통해 목표 청중 및 대중에게 제시하고 촉진하는 것을 말한다. 대중이나 청중은 매 시즌 새롭게 등장하는 다양한 매체의 패션 광고나 광고 화보를 통해 새로운 패션이나 패션 상품을 지각한다.
- **홍보·PR** | 다양한 매체로 하여금 패션 제품, 서비스, 기업 등을 뉴스나 논평 등의 형태로 다루게 함으로써 소비자에게 제시하는 방법을 말하며, PR이란 패션 기업과 사회 간에 이상적인 관계를 정립하기 위해 이미지나 제품을 홍보하고 보호하기 위해 만들어지는 다양한 프로그램을 말한다. 최근 대량 광고로 인

해 광고의 효과가 약해지면서 홍보 활동은 더 증가하고 있다. 패션 기업의 홍보나 PR은 다양한 매체의 패션 기사나 뉴스를 탄생시켜 대중이나 청중에게 패션 정보를 전달한다.

- **판매 촉진** | 단기간에 상품이나 서비스를 더 빨리, 더 많이 소비자들이 구매하도록 만드는 다양한 촉진 활동들로 샘플이나 쿠폰, 할인, 사은품, 시제품 사용 등이 있다. 패션이나 패션 상품에 대한 구매 동기를 자극함으로써 패션이나 패션 상품에 대한 수요를 증가시킨다.
- **VMD(비주얼 머천다이징)** | 패션 점포 내에서 상품과 이미지를 최상의 상태로 보여주어 판매가 쉽게 이루어지도록 하는 시각적 상품 기획 활동을 말하는데, 디스플레이와 유사한 개념이다. 점포 내의 다양한 디스플레이 및 상품 제시를 통해 쇼핑 고객들에게 현재의 패션 트렌드 및 패션 상품에 대한 정보를 제공한다.

패션 상품을 소비자에게 제시하기 위해, 또 다양한 매체에 뉴스로 등장시키기 위해 패션 디자이너나 기업이 주로 이용하는 다양한 홍보 수단이 있다. 여기에서는 보도 자료(press release), 홍보 사진(publicity photographs), 프레스 키트(press kits)등에 대해 살펴보자.

- **보도 자료** | 패션 기업에서 대중 매체가 자사의 제품이나 서비스, 기업을 호의적으로 언급하도록 하기 위해 배포하는 1~2페이지 요약 자료다. 보도 자료는 편집자나 프로듀서의 입장에서 가능한 한 쉽게 읽을 수 있도록 작성되며, 홍보 작가에 의해 제3자의 입장에서 객관적으로 보여지도록 작성된다. 보도 자료의 서술 시제는 가능한 실제 행사에 가깝게 서술된다. 즉 미래 행

사의 홍보나 고지는 미래 시제로, 과거 행사의 뉴스는 과거 시제로 하여 보도 제출 형식으로 작성된다. 잡지 PR은 잡지의 제작 및 배포 시간을 고려하여 행사 1~3개월 전에, 신문이나 방송 PR은 발행 날짜의 1~2주 전에 보내져야 한다.

- **홍보 사진** | 보도하고자 하는 자료의 내용이 홍보의 형식이나 시각적 형식(style)으로 제시될 수 있도록 준비되며 그림이나 사진 형태로 제시된다. 특히 패션 홍보는 홍보 부서나 방송 부서의 전문적 사진작가나 촬영 스탭에 의해 개성있는 스타일로 개발되는데, 매체에 따라서 간혹 인쇄가 쉬워야 한다는 등의 특정 요구가 제시되기도 한다.
- **프레스 키트** | 홍보 자료 모음이라 할 수 있는데, 패션 기업들이 중요한 소식을 홍보할 때 사용하는 방식이다. 프레스 키트는 보도 자료나 홍보 사진보다 더 깊은 인상을 주기 위해 제작되는데, 편집자나 프로듀서가 상품이나 행사를 잘 이해할 수 있도록 돕는 홍보 자료집과 팩트 시트(fact sheet)를 포함한다.

팩트 시트란 프레스 키트에 포함된 주요 사실에 대한 설명서이며, 홍보 자료집에는 시각적 흥미를 끄는 광고 자료, 상품이나 행사를 표현하는 다양한 관련 자료, 그리고 회사나 회사를 홍보하는 홍보 대행사의 연락처가 명시된 명함 등이 포함된다.

전체 주제를 위해 개발된 그래픽 디자인은 뉴스의 중요성을 강화시킬 수 있으며, 독창적인 아이디어로 만들어진 홍보 매체를 통해 대중과 고객의 선호나 구매 등의 행동을 이끌어 낸다.

chapter 2

패션 저널리즘

chapter 2
패션 저널리즘

패션 저널리즘의 정의

패션 저널리즘의 정의에 앞서 패션과 저널리즘의 의미를 간단히 짚어보자. 패션(fashion)은 '창조하다(to make)'를 뜻하는 라틴어 'fatio'에서 유래한 단어로 '유행' 또는 '유행하다'라는 의미를 갖고 있다. 앞에서도 살펴보았듯이 패션은 과정(process)과 대상(object)의 양면에서 그 의미를 갖는다. 즉 디자이너 개인이 창조한 것(대상)으로 끝나는 것이 아니라 전파되고 유행하는 현상(과정) 모두를 의미한다고 할 수 있다.

저널리즘(journalism)이란 '매일매일 기록한다'는 뜻의 라틴어 'jiurna'에서 유래하였는데, 원래는 신문, 잡지 등의 정기 간행물을 발행하는 직업 활동을 뜻했던 말이다. 좀더 구체적으로는 시사적 문제에 대한 보도와 논평, 해설 등의 활동만을 지칭했으나 오늘날에 와서는 그 범위가 확대되어 모든 대중 커뮤니케이션 활동이나 이러한 분야를 저널리즘이라 부른다.

저널리즘에는 좁은 의미와 넓은 의미가 있다. 좁은 의미에서 저널리즘은 신문이나 잡지 등 정기적인 출판물을 통해 시사적인 정보와 의견을 대중에게 전달하는 활동을 의미하는데, 여기에서는 오락, 광고 등의 활동을 제외한다. 넓은 의미에서 저널리즘은 좁은 의미를 포함한 모든 대중 전달 활동을 지칭하는데, 이 경우에는 비정기적인 것, 출판물 이외의 비인쇄물에 의한 것, 내용적으로는 단순히 오락, 지식 등을 제공, 전달하는 경우도 포함해서 사용된다. '출판 저널리즘', '라디오·방송 저널리즘', '영화 저널리즘' 등의 말이 이에 해당된다.

이처럼 저널리즘은 여러 가지 형태로 존재한다. 우리가 흔히 쓰고 있는 언론이라는 넓은 의미의 개념으로 볼 때 일상에서 주고받는 대화로 시작하여 신문, 잡지, 방송, 출판, 영화, 광고에 이르기까지 모든 의사전달의 수단을 포괄적으로 일컫는다. 신문과 잡지에 실리는 글은 그것이 기자가 쓴 글이든 전문비평가가 쓴 글이든 일단은 포괄적으로 저널리즘 내지 저널 비평이라는 용어로 묶어 얘기할 수 있다.

그렇다면 패션 저널리즘은 어떻게 정의할 수 있을까. 패션 저널리즘이란 '패션이라는 모드의 전달과 생산, 유통에 대한 관여'로 정의할 수 있다. 이는 곧, 단순한 트렌드 정보 제공을 넘어서 '패션 전반에 대한 이해를 토대로 다양한 논평과 사유를 문화적·산업적 측면에서 담아내는 적극적 저널리즘 행위'를 의미한다. 매체가 패션에 대해 어떤 시각을 가지고 어떤 방법으로 이를 취급하느냐에 따라 대중의 패션 인식이 크게 달라질 수 있으므로 패션 저널리즘은 상당한 파급력을 지닌 행위라 할 수 있다.

21세기 들어 패션 산업의 외적 팽창과 정보화 사회로의 급격한 진입은 엄청난 양의 패션 정보를 쏟아내도록 하고 있다. TV와 라디오, 케이블 TV, 신문, 잡지, 인터넷 등에서 패션에 관한 뉴스를 접하는 것은 이제 일상이 되었다. 다양한 매체를 통해 패션 정보가 생산 · 유통된다는 사실은 우리 사회에 이미 패션 저널리즘이 뿌리를 내리고 있음을 의미한다.

패션 저널리즘의 특징과 기능

  패션 저널리즘은 신문, 잡지, 방송과 같은 미디어와 디자이너, 광고주, 대중이라는 주체들 간의 상호교환 작용을 통해 형성 · 발전해 간다. 특히 패션 저널리즘이 다른 저널리즘과 구별되는 가장 큰 특징 중 하나는 패션 관련 매체와 패션 업계의 연계성이 다른 분야의 저널리즘보다 아주 긴밀하다는 것이다. 잡지를 포함한 TV나 일간지와 같은 패션 매체에서 나타나는 패션 저널리즘은 정치, 문화, 사회 등의 저널리즘에 비해 광고의 비중이 높다. 이는 패션이라는 것 자체가 소비에 기초를 두고 있고 매체를 통한 전파력이 높기 때문이다. 따라서 패션 저널리즘이라는 것은 패션 미디어와 광고주 그리고 독자 간의 피드백으로부터 발생할 수 있다.
  그러나 패션 저널리스트들이 광고주에게 일방적으로 이끌려 대중에게 편중된 정보를 제공하게 될 경우, 패션 저널리즘은 뉴스와 오락을 대중에게 판매하는 대신에 대중을 광고주에게 판매하는 이른바 중개상 모델 이론의 예로 전락하고 말 수도 있다. 따라서 패션 저널리스트의 윤리적 태도는 패션 저널리즘의 중대한 과제라 할 수 있다.
  패션 저널리즘과 같이 뉴스 전달 외에 오락과 광고의 측면을 가지는 저널리즘의 경우, 현대 사회에서는 문화의 전수라는 중요한 기능도 수행할 수 있다. 즉 매스미디어를 문화라는 정보 토대가 창출, 분배, 공유되는 과정이라고 할 때, 패션 저널리즘 역시 정보 전달이라는 미디어의 기능을 통하여 패션 문화라는 커다란 흐름을 창조, 전개, 확산시키는 일련의 과정이 되는 것이다.

패션 저널리즘이 잘 발달한 국가에서는 자연스럽게 자국의 패션 디자이너의 작품과 그에 대한 여러 비평을 통한 다양한 시각들이 대중에게 제대로 전달된다. 그로 인해 패션 디자인에 대한 대중의 관심이 높아 패션 디자이너는 한층 고무되어 좋은 디자인의 옷을 만들 수 있는 분위기가 형성되어 있다. 실제로 패션 선진국에서는 패션 저널리즘이 자국의 디자이너를 육성하는 수단으로 적극 활용되어 세계적인 패션 디자이너를 배출해 내기도 한다.

이와 같이 패션 저널리즘은 좁게는 출판물, 즉 신문이나 잡지를 통해서 넓게는 TV를 포함한 모든 매스 미디어를 통해 패션에 관한 모든 정보를 대중들에게 전달함으로써 패션이라는 하나의 문화를 대중과 연결해 주는 가교의 역할을 한다. 특히 매스미디어를 통한 패션 저널리즘은 자국의 패션을 표현하고 대중들에게 전달하며 거기서 발생하는 여러 피드백 작용을 통해 그 나라의 패션 문화를 형성하게 한다.

패션 저널리즘의 목적과 기본 요소

코바치(Kovach)와 로젠스틸(Rosenstiel)(2003)은 『저널리즘의 기본 요소 *The elements of journalism*』라는 책에서 저널리즘의 첫째 목적은 시민에게 그들이 자유로워지고 자신을 스스로 통제하는 데에 필요한 정보를 제공하는 것이며, 이러한 과업을 이루어내기 위해서 필요한 9가지 기본 요소들에 대해서 언급하였다. 저널리즘과 마찬가지로 패션 저널리즘에서도 궁극적으로 추구해야 할 목적은 패션을 추구하는 사람들뿐만 아니라 일반인들이 패션과 관련된 생활과 행동에서 보다 자유로워지고 자신을 스스로 통제하는 데 필요한 패션과 관련된 정보를 제공하는 것, 즉 개개인의 보다 나은 패션 생활의 추구라 할 수 있다. 이러한 궁극적인 목적을 달성하기 위해서 저널리즘에서 필수적이라 할 수 있는 기본 요소에 대해서 코바치와 로젠스틸의 9가지 기본 요소를 바탕으로 살펴보고자 한다.

첫째, 패션 저널리즘은 패션에 대한 객관적 사실을 올바르게 포착하여 대중에게 전달해야 한다. 패션 대중들이 집합적으로 야기하는 패션 행동이나 사회적 현상이나, 문화적 양상, 패션 산업 시스템 내의 패션의 흐름 등을 객관적 사실로 포착하기란 쉽지 않다. 그러나 전문적 소양을 가지고 선입견 없이 객관적으로 사실만을 포착하여 대중에게 전달해야 한다.

둘째, 패션 저널리즘은 어느 누구보다 패션 대중에게 충성해야 한다. 즉 패션 저널리즘은 패션 디자이너 및 패션 기업, 신문사나 잡지사, 방송사가 아닌 패션 대중에게 충성해야 한다. 이를 위해서는 현 시점에서의 패션의 유행 상황을 신속하고 정확하게 파악하여 시즌 경향에 대해 대중에게 전달해야 한다. 또한 다양한 스타일을 고려한 일반적 정보와 특수 상황 정보를 동시에 전달해야 하며 대중의 정보 전달에 대한 반응에도 민감하게 대처하여 보도하여야 한다.

셋째, 패션 저널리즘은 오락이나 선전, 픽션이나 예술적 관점보다는 검증의 규율(discipline of verification)을 우선시해야 한다. 즉 소문이나 가십, 조작된 홍보, 광고 등을 분명한 검증의 과정을 거치고 가려내 순수하게 일어난 사실에만 초점을 맞추어야 한다.

넷째, 패션 저널리즘은 패션 시스템 내의 권력으로부터 독립된 감시자 역할을 해야 한다. 패션 시스템 내에는 나름대로의 권력이 존재한다. 상류층이나 연예인과 같은 패션 리더로부터 명품 브랜드, 유명 디자이너, 글로벌 대기업, 전파력이 큰 신문사나 잡지사, 방송사 등 나름의 권력이 존재한다. 이들을 감시하고 오히려 소리 없는 패션 대중을 보호하고 대변하여야 한다.

다섯째, 패션 저널리즘은 대중의 패션을 위한 공개 토론장을 제공해야 한다. 예전에 패션 잡지의 편집자들이 대중의 패션을 선도한다고 암묵적으로 생각하였던 적도 있었으나, 사실 패션이 형성되기 위해서는 대중의 수용이 가장 기본이다. 그 시대와 사회의 다수 대중에 의해 받아들여지지 않으면 패션이 될 수 없다. 따라서 패션 저널리즘은 특정 디자이너나 명품 브랜드, 패션 기업, 패션 리더 등을 대변하는 것이 아닌 대중의 패션 토론장이 되어야 한다.

여섯째, 패션 저널리즘은 중요한 것들을 흥미롭고 적절하게 전달하려고 노력해야 한다. 패션 자체가 매우 매력적이고 독자들의 시선을 끌지만 대중을 위해 중요한 것들을 전달하고자 할 때는 이들을 적절하게 관련성 있는 것으로 만들어 흥미롭고 적절하게 전달할 수 있도록 특히 노력해야 한다.

일곱째, 패션 저널리즘은 뉴스를 포괄적이고 조화롭도록 해야 한다. 사실 패션 자체가 한정된 주제이고 역사적으로 여성만의 전유물로 여겼던 시절도 있지만, 패션이라는 주제의 범주를 확장하여 다양하고 포괄적인 내용을 구성하고 목표 대중을 다양화해야 한다.

패션 저널리즘과 관련된 직종

영국과 같은 유럽의 패션 선진국에서는 오래 전부터 패션 저널리즘이 저널리즘의 한 분야로 정착되었다. 10년 전부터는 의상 디자인학과 내에 패션 저널리즘 전공 프로그램이 운영되며 신문 및 잡지 등 저널리즘에 종사하고자 하는 패션 저널리스트들을 교육시켜 배출하고 있고 실무에 종사하는 기자들이나 편집자, 프로듀서 등에게도 패션 저널리즘과 관련된 재교육 프로그램을 제공하고 있다.

그러나 우리나라에서는 아직 패션 저널리즘에 관련된 교과목이나 학과가 개설되고 있지 않아 패션 전문지가 아닌 일간지나 잡지, 방송국 등에서 패션 기사를 처리할 전문성을 가진 기자나 프로듀서가 부재하여 저널리즘으로서의 역할 수행이 미비한 실정이다.

최근 패션 업계가 활발해지면서 패션 전 분야가 세분화·전문화되고 있고 그 중요성도 높아지고 있지만 패션 저널리스트 양성은 보다 활성화되어야 할 분야로 남아 있다. 새로운 패션 관련 잡지나 매체들이 계속 생겨나고 있으며, 일반 신문과 잡지에서도 패션란이 일반화되고 있다. 특히 인터넷에서 대중의 활동이 많아지고 중요해지면서 인터넷 사이트 상의 패션 전문기자에 대한 수요가 급격히 늘고 있다. 패션은 인터넷 상의 중요한 사업 중의 하나가 된 것이다. 패션은 대중이나 소비자들을 많이 자극할 수 있는 충분한 조건을 갖추었기 때문이다. 따라서 패션을 산업과 문화로 인식하고 올바른 안내와 발전을 도울 수 있는 전문 기자들의 활약이 더욱 필요한 때이다. 그러면 패션 저널리즘과 관련된 직종을 알아보자.

패션 에디터

패션 에디터(fashion editor)는 활자 매체인 신문, 잡지, 책, 그리고 전파 매체인 TV, 케이블TV, 라디오 등에서 패션 부문에 관한 기사, 프로그램, 화보 등을 편집하는 담당자로서, 편집 작업을 총괄하고 기사나 프로그램, 화보 등과 관련하여 조정 및 연락을 책임지는 담당자를 말한다. 패션 에디터의 역할을 자세히 살펴 보면, 우선 편집 작업을 총괄하고 조정자적인 역할을 수행한다. 즉 패션 라이터, 리포터, 카메라맨, 일러스트레이터 등의 스페셜리스트들에게 편집 기획에 따라 취재, 집필 등을 지시하거나 조언하는 총괄자 역할을 한다. 경우에 따라서는 취재 및 집필, 촬영 등에 직접 관여하기도 한다. 신문, 잡지의 경우에는 정기 간행물의 특수성 때문에 마감 시간을 엄수해야 하므로 에디터에게는 스케줄의 설정과 조정도 중요한 일 중의 하나이다.

패션 에디터는 패션에 민감해야 하며 대중의 라이프 스타일이나 취향의 변화나 동향을 쉽게 파악할 수 있어야 하며 국내외 패션 경향을 정확하게 분석하여 보도하거나 해설할 수 있는 분석력과 표현력을 갖추고 있어야 한다. 그리고 항상 독자의 소리에 귀를 기울이고 독자와 함께 공감하는 자세가 기본적으로 필요하다. 또한 판매 및 광고, 편집, 인쇄 등 각 부문의 담당자들로부터 긴밀한 협조를 이끌어낼 수 있어야 한다.

■ **패션 에디터의 한 달**

패션 에디터 업무의 예를 들어보자. 「쎄씨」는 매달 15일에 책이 나온다. 매달 17일을 즈음해 기획 회의를 하고 이틀 뒤에 기사를 배당

받는다. 그때부터 촬영 스케줄을 잡고, 모델을 섭외하고, 코디네이터와 콘티를 의논해 의상 콘셉트를 정한다. 촬영 장소를 섭외하는 것도 중요한 일 중의 하나. 열흘 정도 촬영이나 취재를 하고 틈틈이 원고를 쓰다 보면 어느새 마감일이 임박한다. 마감 기간 일주일 정도는 야근을 계속하며 원고 쓰기와 편집 디자인 작업을 확인하는 일의 반복이다. 그렇게 마감을 하고 나면 또 다음달 기사 아이템 회의 준비를 해야 한다. 자료실에서 다른 잡지들도 보고 외국 잡지도 보면서 새로운 아이템과 재미있는 소재를 찾아서 기획안까지 제출하고 나면 하루 정도는 시체처럼 잠만 자게 되는데, 마감했다고 해서 안심할 수는 없다. 시내 구석구석 돌아다니며 요즘 아이들이 뭘 좋아하고 어떤 것에 관심을 가지는지, 어떤 게 유행하게 될 지를 미리 점치는 일까지 해야 하기 때문. 그렇게 한 달이 지나가는 데다 기본적으로 두 달 정도 앞서서 작업을 하기 때문에 시간 가는 줄 모르고 일만 하게 되는 경우가 많다. 보이는 결과물이 매달 나오기 때문에 성취감이 높은 것이 장점이다.

패션 칼럼니스트

패션에 대해서 일간지 및 패션 전문지, 잡지 등의 칼럼에서 논설이나 평론을 집필하는 패션 전문가를 말한다. 일반적으로 패션 칼럼니스트는 패션과 관련된 다양한 전문 분야에서 오랜 기간 누적된 지식과 경험을 갖춘 패션 전문가인 경우가 많으며 패션과 관련된 다양한 내용을 세련된 글 감각과 날카로운 통찰력으로 작성하는 전문가다. 대체로 이들은 패션 에디터나 패션 라이터, 평론가, 또는 패션 디자이너인 경우가 많다.

패션 라이터(패션 전문 기자)

 패션 라이터는 일반적으로 패션 기사를 작성하는 기자를 말하는데, 일간지의 패션 관련 전문 기자와 주간이나 월간의 패션 전문 매체의 기자로 구분할 수 있다. 일반적으로 후자 쪽이 더 전문가적인 성격을 가지고 있기 때문에, 패션, 의류 및 섬유 관련 업계의 동향 등을 보다 정확히 읽어낸다고 볼 수 있다. 잡지사의 경우는 잡지의 성격에 따라 다르다. 「보그」나 「바자」, 「엘르」, 「마리끌레르」와 같은 잡지들은 패션을 중점적으로 다루며 좀 더 전문적이고 전통있는 잡지이기 때문에 보다 고급 잡지라고 할 수 있다. 반면 「신디더퍼키」, 「쎄시」 등과 같은 잡지들은 보다 낮은 연령대를 타켓으로 대중적인 마인드를 가진 매체로 좀 더 쉽고 흥미있게 진행된다는 점이 특징이다. 따라서 패션 전문 잡지의 기자는 일단 패션에 대해 전문적 지식을 많이 갖추고 있으면서 패션이나 패션 트렌드, 패션 정보에 대해 매우 민감하여 이를 흥미있는 기사거리로 풀어낼 수 있는 감각과 함께 감각적이고 유려하게 글을 쓸 수 있는 능력을 갖추어야 한다.

 신문의 패션 기사는 잡지보다 다소 딱딱하고 분량이 적다. 그러나 수많은 정보를 실어야 하기 때문에 일주일에 한 번 발간된다 하더라도 쉴 새 없이 뛰어다녀야 한다. 또한 사람을 많이 상대하면서 인터뷰를 통해 정보를 끌어내야 하기 때문에 순간을 잘 포착하는 예리함과 전문적 지식, 분석 능력, 기초 체력 등이 요구된다.

 신문이나 잡지를 막론하고 패션 전문 기자가 되기 위해서는 발로 현장을 뛰면서 행동력과 정보원을 찾아 철저히 취재하는 능력, 정확하고 이해하기 쉬운 문장 표현력, 뉴스를 창조하기 위한 독창성 등 전문 능력을 갖추는 것이 필요하다.

■ 패션 전문 기자에게 요구되는 자질

　패션 전문 기자가 되려면 옷을 보는 안목이 있어야 한다. 수 십 수 백 벌의 옷과 구두 중에서 유행을 잘 반영하면서도 일반인들이 쉽게 소화해낼 수 있는 옷만 척척 골라내야 한다. 또한 좋은 모델을 고를 수 있는 안목도 필요하다. 메이크업을 하지 않고 멋진 옷을 입고 있지 않아도 훌륭한 모델로 성장할 수 있는 신인을 선발해서 화보를 진행해야 하기 때문이다.

　안목이 뛰어난 코디네이터를 내 사람으로 만든다거나 실력 있는 일러스트레이터와 친하게 지낸다거나 등등. 뿐만 아니라 우리나라 잡지와 외국 잡지를 가리지 않고 무조건 많이 봐서 남들보다 앞서갈 수 있는 감각을 키워야 한다.

　잡지 기자는 전공을 따지지 않는 직종이다. 하지만 생각처럼 멋지기만 한 것은 아니다. 무거운 소품도 날라야 하고 하루종일 엎드려 물건들을 예쁘게 세팅하다 보면 허리 다리 어디 한 군데 안 쑤시는 곳이 없다. 또 마감 때 밤샘의 강도는 한 번도 안 겪어본 사람들에게는 설명하기 힘들 정도다. 일주일 동안 강한 체력으로 버텨야 함은 물론이고 그러면서도 아트 디렉터와 수시로 의논하며 레이아웃을 상의해야 하고 원고도 완벽하게 써야 한다. 경력이 쌓인다고 해서 일이 적어지는 것도 아닌 직업이니 만큼 정말 누가 뭐래도 잡지 일을 꼭 해야겠다는 각오가 있어야 할 수 있다.

패션 리포터

　패션 리포터(fashion reporter)는 복식, 인테리어, 풍속 및 레저 활동 등 패션 영역 전반에 관한 탐방 보도에 종사하는 사람을 말한다. 일반적으로 대중 매체를 통해서 우리에게 전달되는 각종 패션 정보들은 단순한 보도 기사 형태에서 광고 속의 카피라이팅에 이르기까지 다양한 방법이 동원된다. 따라서 적극적인 활동력과 함께 정보원을 개척하는 적극성과 인내심을 갖추어야 하고 정보를 하나의 상품으로 표현하고 전달하는 능력을 겸비한 사람으로 패션 전반에 걸친 해박한 지식을 갖고 있는 것이 중요하다.

패션 저널리즘과 패션 기사

패션 기사는 패션 상품을 다루는 패션 산업 전 영역에서 발생한 새로운 뉴스로서 아래와 같이 분류할 수 있다.

- **일간지의 패션 기사** | 문화면 중 여성란의 일부로 '시각적 정보의 제공 역할'을 하는 화보 위주의 기사다.
- **패션 전문지에서의 패션 기사** | 일간지의 패션 기사에 비해 산업적인 측면이 강조되는데, 특정 분야 특정 업계의 관계자를 독자로 하기 때문에 광고성 기사의 가능성이 크다.
- **광고성 기사** | 광고 표시를 하지 않고 특정 기업이나 상품 등을 '기획특집', '상품정보', '신상품 소개' 등의 제목 아래 소개하는 기사로서, 기업의 홍보를 포함하고 제품 등에 대한 언급과 기업의 표시 또는 연락처가 함께 기재된 기사를 말한다. 대체로 주목도가 높은 박스형 기사로서, 예를 들면 화제의 브랜드, 화제의 기업, 행사, 새상품, 히트 예감, 뉴 브랜드 등의 헤드라인으로 진행된다.

▶ 「동아일보」(1924. 3. 12), '유행의 몃 가지'
'유행의 몃 가지'라는 제목으로 「동아일보」 1924년 3월 12일자에 실린 패션 기사.

패션 화보는 패션 전달을 목적으로 다양한 유행 변화를 대중보다 한 걸음 앞선 시각으로 제시하기 위해 패션 잡지에 많이 이용되는 방식이다. 최근 소비자 기호에 따라 다양화·전문화되고 있다.

▶ 「서울신문」의 각종 패션 화보 및 광고 화보

화보라는 지면을 통해 패션, 패션 상품, 기업에 대해 독자들을 설득한다.

- **일반 잡지의 화보** | 정보 전달의 보조 수단으로 사용된다.
- **패션 잡지의 화보** | 주체적인 목적으로 지면을 구성하며 기사의 보조 수단 이상의 역할을 한다. 즉 화보 그 자체로서 전달함을 목적으로 한다.

패션 저널리즘의 비판

패션 저널리즘은 과연 필요한가? 패션 저널리즘과 관련된 일을 하는 사람들은 항상 신문이나 잡지, 방송의 패션 코너를 살펴보면서 패션 저널리즘이 올바른 방향으로 가고 있는지, 향후 패션 저널리즘은 어떤 방향으로 가야 하는지를 늘 생각하게 된다. 일반 일간지나 잡지, 방송 등에서 전문성도 인정받지 못하고 필요에 따라 지면의 존폐 여부가 수시로 바뀌며 기자의 전문성도 따지지 않는 시점에서 과연 포토 저널리즘이나 스포츠 저널리즘처럼 특화된 분야로 발돋움할 수 있을까 하는 걱정도 하게 된다.

그러나 이러한 우려에도 불구하고 대다수 패션 관계자들은 패션 저널리즘은 당연히 필요하다고 주장한다. 역사적으로 보면 일간지나 잡지, 방송 등에서 많은 부침은 있었지만 항상 패션면은 존재해왔다. 그것이 눈요기로 치부되었든지 생활 정보로 다뤄졌든지 문화 상품으로 격상되었든지 간에 중요한 것은 과거에는 사회의 일부에서였지만 최근에는 소비자들, 특히 젊은이들의 삶에서 끊임없이 패션 관련 상품들이 생산 및 유통되고 있다는 것이다. 사람들은 옷차림이나 몸에 달고 있는 각종 액세서리와 치장을 통해 자신을 표현하는 동시에 타인이나 대중과 끊임없이 무언의 소통을 시도하고 있기 때문이다.

일반 대중, 특히 패션 대중은 패션에 대한 정확한 정보를 교육기관을 통해서가 아니라 자연스러운 기회를 통해 전달받고자 한다. 예를 들어 패션전문 정보와 관련된 기사거리들을 다루는 패션 전문 잡지, 패션 전문업에 종사하는 전문가의 인터뷰 내용, 방송(TV, 라디오), 홈쇼핑의 쇼핑 호스트, 인터넷 쇼핑몰 등에서 다루고 있는 정보들을 통해서 일상적으로 접하기를 기대하는 것이다.

따라서 패션 문화 및 패션 산업, 패션 소비자, 패션 상품이 존재하는 한 패션 저널리즘 관계자들은 패션 저널리즘이 올바른 방향으로 가고 있는지, 특히 최근 거대 패션 글로벌 기업을 포함한 거대 패션산업의 의도에 너무 충실하게 가고 있는 것은 아닌지 등을 감시하고 선도해야 한다. 또한 글로벌 경쟁 시대에 패션이 문화 산업으로서 국가 경쟁력 제고에 중요한 가치를 발휘할 수 있다는 점에서 패션이나 패션 산업에 대한 전문화된 지면은 꼭 필요하다.

그러나 패션 저널리즘을 향한 비판에도 귀를 기울여야 한다. 최근의 패션 저널리즘은 기업성과 오락성의 강조로 인해 기본적인 기능인 올바른 정보나 의견을 사회적으로 전달하는 기능마저 상업화되고 있다는 비판을 받고 있다. 최대 다수의 최대 관심사가 될 수 있는 정보만을 골라 광고주 및 이해 집단의 반발을 고려해 선택적 의견만을 제시하는 취재 보도가 이루어지고 있다는 것이다. 즉 근대 저널리즘에서 보여졌던 나름대로의 일정한 사상이나 주의, 입장 등이 많이 약해졌으며 패션 상품의 구매자인 평균 독자들의 일반적인 관심만을 대상으로 한 보도가 이루어지거나 광고주 및 이해 집단의 입장만을 고려한 보도가 일반화되어 가고 있다.

이렇듯 기업성이나 오락성에 치중한 저널리즘의 형태는 독자 감소 및 영향력 쇠퇴 등의 문제에 대한 대안이자 생존 수단으로서 불가피한 측면이 있다고 볼 수 있다. 그러나 저널리즘 자체의 비판 기능을 상실하고 인기에 영합하는 경향이 만연하게 되어 일반 대중의 패션 생활, 더 나아가 사회 집단의 패션 문화 등에 심각한 피해를 끼치게 될 우려가 있다. 따라서 신문, 잡지, TV, 인터넷 등 패션 저널리즘 기능을 수행하는 매체의 기자나 관련자들은 예전의 계몽적 기능은 아니더라도 비판이나 논평 기능을 되살리는 데 주력해야 하겠다. 이것이 진정 패션 대중을 위한 일이며, 패션 저널리스트들이 자부심과 긍지를 갖고 패션 기사를 제공하는 토양을 만들 수 있는 일이다.

또한 국내 패션 저널리즘의 한계로 매번 등장하고 있는 외국 패션 저널들의 모방이나 과대 포장된 상품 소개 등도 큰 문제다. 패션 정보 전달 과정에서 대중의 호응도와 동조성을 자극하는 것은 무엇보다도 패션 저널리즘에 있어서 중요한 목적이 되는데, 스타 마케팅에 집중한다거나, 밀라노, 파리, 도쿄 등과 같은 패션 대국의 패션 트렌드 정보를 그대로 모방하여 전달하는 것, 또는 글로벌 브랜드와 상품을 과대 포장하여 소개하는 것 등은 국내 패션 분야에 적합하지 않는 편협한 정보나 과대 포장된 정보를 제공하는 결과를 가져온다. 따라서 보다 정확한 정보 수집과 정보 분석 과정을 병행하여 수준 높은 패션 정보를 대중에게 전달하도록 노력해야 한다.

이러한 측면에서 볼 때 바람직한 패션 저널리즘 확립을 위해 가장 시급히 시정되어야 할 점들을 다음과 같이 지적해 볼 수 있다.

첫째, 패션과 관련된 다양한 기사들이 등장하여야 한다. 그러기 위해서는 우선 대중이 필요로 하는 패션 관련 주제들에 대한 조사가 면밀하게 이루어져야 한다.

둘째, 이러한 조사·분석을 토대로 의상 연출법이나 코디네이션, 최근의 패션 트렌드 경향 등과 같은 시즌성 일회용 기사를 지양하고 보다 다양한 주제로 패션 기사를 대중화 또는 전문화하여야 한다.

셋째, 통과의례처럼 대부분 신입 기자가 맡게 되는 패션 코너 담당자를 보다 전문화된 패션 기자가 맡도록 함으로써 이해력과 통찰력을 바탕으로 패션을 문화적·산업적 측면에서 깊이있게 다루는 기사가 등장할 수 있도록 하여야 한다. 특히 지나친 상업주의에 근거한 명품 브랜드 위주의 지면 편집과 기사 대신 대중을 문화적·예술적 생활로 이끌 수 있는 기사들이 등장하여야 하겠다.

마지막으로, 아직도 언론사 내부적으로는 패션 지면을 단순한 생활 정보성 기사에 국한시키는 인식이 존재한다. 패션 저널리스트들은 패션의 문화적·산업적 측면을 무시하는 이러한 관행에 보다 설득력 있게 도전하여 패션 지면에 대한 편견을 허물어내야 할 것이다. 또한 다양한 의견 수렴 과정이 뿌리내릴 수 있도록 대중과 함께 설득하는 노력이 필요하겠다.

chapter 3

신문 패션 저널리즘

chapter 3
신문 패션 저널리즘

일간지 패션 저널리즘의 역사는 최초의 근대적 민간신문이었던 「독립신문」까지 거슬러 올라간다. 그간 일간지 패션 저널리즘은 그 시원을 근대 문물이 국내에 본격 유입되기 시작한 1920년대 신문의 여성란에서 찾는 것이 일반적이었으나 2000년대 들어 이러한 관행이 패션을 여성과 가정, 유행이라는 지극히 한정된 프리즘 안에 가두는 결과를 낳았다는 성찰 아래 일간지 패션 저널리즘의 역사를 새롭게 쓰려는 시도가 이어졌다. 그중 이성희의 논문 「패션저널리즘 문제 연구-5개 종합일간지를 중심으로」는 국내 일간지 패션 저널리즘의 역사를 여성사가 아닌 사회문화적·산업적 접근을 통해 처음 조명, 정리했다는 점에서 주목을 받았다. 본 장에서는 이 연구를 토대로 일간지 패션 저널리즘의 역사와 현황, 문제점 등을 우선 소개하고 뒤에 업계 전문지의 경우도 간략히 살펴보기로 한다.

일간지 패션 저널리즘의 역사

신문은 크게 종합일간지와 업계 전문지로 구분할 수 있다. 종합일간지는 불특정한 다수의 독자를 대상으로 시사 뉴스와 의견 등을 종합·편집해 전달하는 매일 발행 신문을 말한다. 남녀노소를 망라한 다양한 독자층을 겨냥하기 때문에 일반인들의 패션 인식에 미치는 영향력은 막대하다.

업계 전문지는 종합 일간지와 달리 경제, 스포츠, 오락 등 특정 분야에 국한해 이를 전문으로 다루는 신문을 뜻한다. 국내 발행되는 대부분의 패션 업계 전문지는 주간지로 발행되고 독자층 역시 패션 업계 종사자로 한정돼 있어서 일반 국민에 미치는 영향력은 작은 편이다. 신문 패션 저널리즘의 역사를 일간지를 중심으로 기술하는 이유다.

우리나라 신문 패션 저널리즘의 효시는 한국 최초의 근대적 민간신문인 「독립신문」이었다. 보다 정확히는 독립신문 1896년 5월 26일자에 나타난 의생활 개량 논평에서 패션 저널리즘의 맹아가 싹 텄음을 볼 수 있다.

▶ 「독립신문」 (1896. 5. 26), 논설

"일전 신문에 우리가 말하기를 머리 깎고 양복 입는 것은 집 고친 후에 새로 도배와 장판하는 것과 같다고 비유하였거니와 기둥을 고쳐 집이 튼튼히 된 후에 이런 일을 하여야 일도 잘 되고 하는 본의도 나타날지라. (중략) 일이 선후가 없이 되었으나 이 일은 언제든지 할 것인데 벌써 한 도배 장판을 새 기둥을 아직 아니 갈았으니 도로 뜯자는 것은 집 고치기 전에 장판 도배하는 일과 같은지라. 이 일이 개화의 근본은 아니나 백성에게 편리한 일인즉 백성이 하고 싶어 하는 것을 정부에서 금하는 것은 옳지 아니하고 백성이 하기 싫은 것을 정부에서 억지로 시키는 것도 옳지 아니한지라. (중략) 백성은 언제 하였던지 간에 대군주 폐하께서 상투와 망건을 아니 쓰셨으니 조정에 있는 관인과 군사와 순경들은 임금 하시는 대로 (단발을) 하는 것이 우리 생각에는 마땅한 일로 아노라."

이는 한국 최초로 신문에서 의생활 개혁에 대한 논평을 시도한 글로, 당시 정부가 내린 단발령과 양복 수용 허가에 대해 유림 세력을 중심으로 전국적인 반발이 일어나자 이를 진정시키기 위한 완화책이 필요하다는 내용을 담았다. 의생활 개혁에 대한 논평을 시도한 이 글은 국내 일간지 패션 저널리즘이 100년 이상의 역사를 쌓았음을 보여주는 중요한 사료이다. 일간지 패션 저널리즘의 역사는 한국 의복사와 언론사의 큰 사건들을 양대 축으로 진행됐으며 크게 다섯 시기로 구분할 수 있다.

일간지 패션 저널리즘의 태동기-계몽시대(1896-1953)

일간지 패션 저널리즘의 태동기는 구한말부터 일제 강점기까지의 전 기간을 포함한다. 즉 1896년부터 일제 강점기를 지나 한국전쟁이 끝난 1953년까지로 구분하는데, 이 시기는 신문에 단발령이나 백의금령, 구습타파 등과 관련된 다양한 의생활 관련 기사들이 등장하면서 의복을 생활문화의 개화를 선도하는 수단으로 삼았다.

구한말 의복개혁은 남녀노소를 막론하고 중요한 관심사였다. 개화세력을 통한 외국 문물의 급격한 유입이 복식에 대한 관습과 통념을 깨면서 의복개혁은 사회적 개화, 계몽운동으로 나아가고 있었다. 특히 갑신년 이후 한복은 저고리가 더욱 짧아져 겨드랑이 살을 가리기 어려운 형편이었고 긴 치마는 활동을 방해했다. 이러한 한복을 활동에 지장이 없도록 간소화하자는 논의가 활발해지면서 한복 개량 운동이 일간지 계몽 기사를 중심으로 일어났다.

예를 들면, 1907년 1월 21일자 「제국신문」은 논설에서 "저고리 길이는 길게, 치마 길이는 신이 나오게 짧게, 긴 통치마나 짧은 통치마나 상하의 같이 짙은 색으로, 옷감과 장신구는 사치를 막자. 상

▶ 「매일신보」(1932. 11. 17), '개량저고리'

하의를 연결한 철릭과 같은 옷 혹은 양복으로 개량하자"며 우리 옷의 결점을 보완하고 새로운 양복으로 개량하자는 주장을 내놓았다.

또 「매일신보」는 1932년 11월 17일자에 개량 저고리를 소개하면서 기사에 개량 저고리를 입은 여성의 앞모습과 뒷모습 전신 사진을 함께 게재, 사진을 패션 기사의 주요 시각 정보로 활용하였다.

일제 강점기 신문은 우리나라 국민을 황국신민화하려는 일제의 강제로부터 자유롭지 못했다. 대중매체를 통한 여성교육이 활발히 이루어졌지만 강습회 교육의 80%가 재봉, 수예, 일본식 염색법 등 일본화된 생활양식에 맞추기 위한 것으로 채워졌다. 신문의 의생활 관련 기사도 일본 신문의 영향을 받아 가정란이나 여성란에 정착하기 시작했다. 1924년 「조선일보」는 「동아일보」와의 경쟁에서 앞서기 위해 여러 가지 기획을 세웠는데 그중 하나가 여성란의 창설이었다. 처음에는 신문 3면인 사회면에 속해 있던 문화란의 일부에 여성 코너가 게재되었으나, 1925년 6면으로 증면한 뒤 '가

▶ 「동아일보」(왼쪽: 1924. 6. 15, 오른쪽: 1924. 6. 13), 만평 '신구의 대조'
오늘날 주로 정치권의 주요 이슈를 소재로 하는 신문 만평에서 신구 의생활의 대조, 즉 한복과 개량한복, 의관정제와 신사복 차림, 단발 등을 다룬 것은 신문물 유입에 대한 당대의 불안과 호기심을 동시에 보여준다.

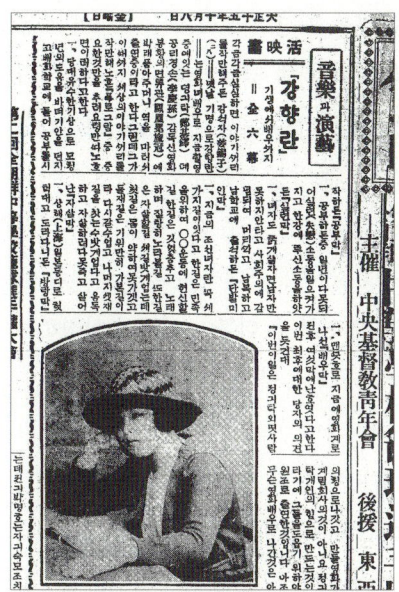

▶ 「동아일보」(1926. 10. 8), '강향란, 기생에서 배우까지'

한국 복식사에 길이 남을 최초의 단발여성은 기생이었다. 한남권번 출신의 기생 강향란은 뛰어난 노래자락과 춤사위, 달변으로 유명했는데 1922년 돌연 삼단 같던 머리를 댕강 자르고 남장을 하고서는 남학생들 틈에 섞여 신학문을 공부함으로써 당시 사회에 커다란 충격을 던졌다. 오죽하면 동아일보는 1925년 9월 3일자로 강향란이 돌연 머리를 자른 이유는 실연 때문이었다는 기사를 내보내기도 했다. 강향란은 후에 이름을 강석주로 고치고 영화배우로 활약했으며 근우회에 참가하고 여성운동가로도 활동했다. 단발을 두고 세간에서는 의견이 분분하였으나 당시 단발을 감행한 여성들은 가부장제와 신분제의 질서에서 벗어나려는 강렬한 의지를 갖고 행한 용기 있는 행동이었다.

정'이라는 전면 표제를 세워 여성과 가정에 관련된 기사를 집약해 놓았다. 1920~30년대 여성란은 신생활 수립과 구습 타파, 의복 개량 등이 주요 논제였으며 당시 막 등장한 신식여성을 일컫는 이른바 '단발 미인' '모단(毛短) 걸' 등에 관한 논평이나 남성들에게 갓 대용으로 급격히 인기를 얻은 서양식 모자 소식 등 풍속사적인 측면에서 접근한 의생활 관련 기사가 많이 등장했다.

일간지에 여성란이 고정되고 여기에 의식주를 망라한 모든 생활

문화 기사가 집중되기 시작하면서 패션 저널리즘은 초기의 계몽적·사회문화적 관점을 벗어나 여성 대 남성이라는 미묘한 대립 구도를 보이기 시작했다. 즉 서구화되는 여성의 외모를 경계하고 '우리'와 '민족'을 강조하며 여성의 양장 착용을 반대하거나 여성복의 유행을 풍자의 주요 대상으로 삼는 신문 만평들이 속속 나타났다. 이러한 반응 뒤에는 1920~30년대 근대적 문물의 급격한 유입과 함께 등장한 신여성에 대한 거부감, 더불어 이들이 상징하는 근대적 가치에 대한 전통 사회의 두려움이 깔려 있었다.

「조선일보」는 1930년 1월 14일자에 '여성선전시대가 오면'이라는 만평을 냈는데 당대 신여성들에 대한 거부감과 선입견을 노골적으로 드러내고 있어 눈길을 끈다. 이 만평은 육체를 거의 드러낸 관능적인 모습의 신여성을 그리면서 '모던걸'과 '여학생'을 '기생' '카페 웨트레스'와 동급으로 놓았다. 또 양장을 한 신여성들의 다리에 '나는 돈이 많으면 누구나 좋아한다' '나는 문화주택만 지어주면 일흔살도(노인도) 괜찮아요' 등의 글귀를 적어 신여성들을 사치와 허영에 빠진 속물로 표현했다. 모욕에 가까운 이러한 만평이 대다수의 일간지에 다투어 소개된 것을 보면 급속한 서구화에 대한 일반인들, 특히 남성들의 충격이 상당했음을 알 수 있다.

1930년대로 들어서면 단편적인 소개에 그치기는 했어도 외신을 인용한 해외 패션 트렌드 기사가 화보와 함께 간간이 지면에 등장했다.

그러나 일제의 침략 전쟁이 본격화하면서 양장은 전쟁의 영향을 받아 남성적인 직선 스타일로 변하고 치마 길이는 길어져서 발목 위까지 내려왔으며 일제는 우리 생활 전반에 걸쳐 긴축을 강요했다. 전쟁의 암운이 짙어지면서 일간지 패션 기사들은 멋과는 상관

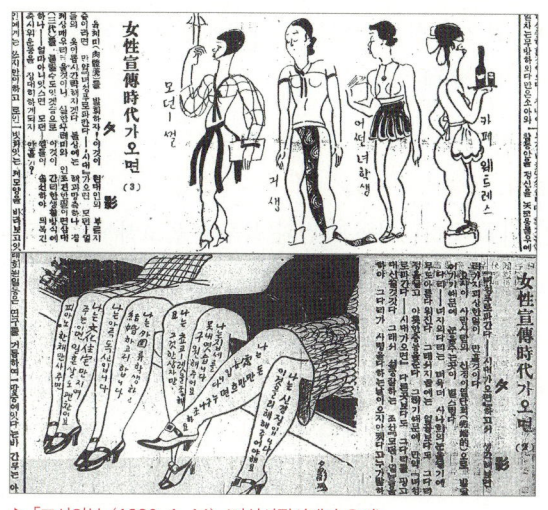

▶ 「조선일보」(1930. 1. 14), '여성선전시대가 오면'

▶ 「매일신보」(1932. 10. 7), '뉴욕유행계에서'

없이 검소한 생활과 물자 절약을 위해 강요된 몸뻬와 검정 고무신, 간단복 등 긴축 패션을 가장 실용적이고 긍정적인 것으로 호도하는 데 동원됐으며 이는 전쟁 기간 내내 최소한의 의복생활을 강요

신문 패션 저널리즘 67

하는 것으로 이어졌으니 전쟁은 일상의 피폐와 함께 패션과 패션 저널의 암흑기이기도 했다.

서구 의생활의 전달자 시대(1954-1964)

1953년 휴전 이후 우리나라의 재건과 복구를 돕고자 구서독과 덴마크 유네스코 등에서 보내온 구호 물자는 국내 복식문화를 크게 바꾸어 놓는 계기가 됐다. 군복을 검게 물들여 입는 것이 유행했고 마카오와 홍콩을 통해 밀수입된 원단으로 옷을 맞춰 입는 '마카오 신사'가 남성모드의 대명사가 됐다. 이 시기 신문의 의생활 기사는 서양의 의복인 양복을 소개하고 어떻게 입어야 하는가를 소개하는 '서구 의생활의 전도사' 역할에 치중했다. 아직은 일간지 문화면의 여성란 또는 가정란에 등장하는 왜소한 처지였으나 국내외 패션 기사를 다뤘으며 올바른 양장 착용법이나 상식에 대한 기사들이 자주 등장했다.

1955년으로 접어들면 국내 패션계에는 '디자이너'라는 명칭이 처음 사용됐으며 국내 최초의 패션쇼도 이 시기에 열렸다. 당대 유명한 디자이너로는 노라노 서수정 석주선 최경자 등이 활동했으며 명동은 양장 패션의 중심지로 부상했다. 1956년에는 서라벌양재전문학원 주최로 동화백화점에서 국내 최초의 본격 패션쇼가 개최된 것이 각 신문을 통해 보도됐다. 1958년에는 서울신문사가 후원하고 뉴스타일사가 주최하는 한국 최초의 패션 콘테스트가 열리기도 했다. 신문사가 후원할 정도였으니 당시 패션 산업에 대한 일반의 기대와 관심이 매우 컸다는 것을 유추할 수 있다.

전문적인 지식 없이 주먹구구식으로 실렸던 패션 관련 기사에도 외부 전문가들의 기고를 받아 싣는 등의 전문화 노력이 시도됐다.

「조선일보」는 당시 해외유학파 패션디자이너로 명성을 날리던 노라노를 기용해 1957년 8월부터 1958년 1월까지 '생활미의 창조'라는 제목으로 양장과 속옷에서부터 구두, 액세서리, 향수, 넥타이, 스카프, 메이크업, 파티 옷차림 등 토탈 패션에 관한 기고를 실었다.

또한 패션 저널리즘의 중요 기능 중 하나인 비평에 있어서도 이 시기는 주목할 만한 진척을 보였다. 「조선일보」는 1958년 11월 11일자에 "언제부터인지는 몰라도 우리는 슈미즈인지 쌀자루인지 분간 못할 옷을 거침없이 입고 다니는 여성들의 배경에 디자이너 노라노 여사를 연상하고 … 한마디로 이 패션쇼는 세계의 시골뜨기인 꼬레아(Korea)에게 엠파이어 라인의 모양과 생김새를 보여준 것 이외에 무슨 실용적 가치를 주었어야할 것이다. 여기에 노라노 여사의 공과 죄의 실재가 있다"는 내용의 신랄한 비평 기사를 실었다. 이는 기사의 신뢰성이나 전문성 여부를 떠나 당시 이미 패션쇼에 대한 비평이 존재했음을 보여준다.

패션문화의 각성 시대(1965-1979)

1960년대 중반부터 1970년대 말까지는 서구 유행을 추종하면서도 국내 패션문화의 육성과 지원에 관심을 보인 패션문화 각성의 시대였다. 신문 여성란에 패션 코너가 고정됐고 최초의 남성복 패션쇼도 이 시기에 열리는 등 사회적으로 패션에 대한 관심이 높아지면서 패션을 문화적 차원에서 접근하는 노력들이 많아졌다.

이 시기 패션 기사들은 유행 경향을 다루는 기사가 가장 많았으며 의류 정리 및 보관법, 옷을 직접 만들어 입는 사람들을 위한 재단과 봉제법 등 생활 차원의 실용적인 기사도 다루었다. 그러나 이전 시대의 계몽적 형태에서는 크게 탈피했고 의상의 실용적 측면뿐 아니라 사교 생활과 사회적 저명인사에 대한 관심에서 패션쇼나 패션 디자이너와 관련된 소식들이 자주 기사화됐다. 해외에서 유입된 영 패션 바람은 미니스커트와 청바지, 히피스타일 등 갖가지 청년 패션문화의 탄생을 알리는 시도가 되기도 했으며 신문은 주로 화보나 외신을 통해 서구의 패션문화를 소개하는 데 치중했다.

일간지 패션 기사의 새로운 국면을 연 것은 1965년 「중앙일보」의 창간이었다. 「중앙일보」는 처음부터 여성 독자층을 겨냥한 신문 제작에 관심을 보였으며 그 가장 매혹적인 대상으로 선택한 것이 패션이었다. 1965년 9월 24일자 「중앙일보」의 첫 여성란에는 당시 인기를 모은 디자이너 조세핀조가 디자인한 칵테일 드레스의 사진이 기사와 함께 실려 화제를 모았다.

1960년대 국내 패션계는 상당한 활기를 띠고 있었다. 국내 패션 디자이너 1세대로 불리는 서수연 노라노 조세핀조 최경자에 이어 박윤정 앙드레김 등의 개인 패션쇼가 해마다 열리고 있었다. 1961년 5.16 군사쿠데타로 집권한 제3공화국 정부는 패션을 매우 부정적인 시각으로 바라보고 국민정신을 좀먹는 퇴폐적인 것으로 여겼다. 그러나 이미 패션 기사나 화보에 대한 일반의 요구는 높아진 상태였다. 「한국일보」가 1964년 9월 '가을을 위한 여인 십화'라는 시리즈를 10회에 걸쳐 게재하면서 의상은 물론 피부미용, 각선미 등 토탈패션에 가까운 소개 기사를 실은 것이 화제를 모았다. 당시 신문은 고정적인 패션란은 없었으나 문화면이나 가정면에 해외 컬렉션이나 유명 디자이너들의 패션쇼 리뷰 기사를 실으면서 그 해의 유행 색상이나 스타일을 대담한 사이즈의 사진과 함께 게재해 여성뿐 아니라 남성들의 관심까지 증폭시켰다.

1970년 3월부터는 신문 지면이 주당 32면에서 주당 48(1일 8면)

면으로 늘어나면서 여성면이 문화면에서 독립하는 추세를 보였다. 또한 70년대 초반에는 여성면에 '패션'이라는 제목을 단 최초의 고정란이 생기는 등 일간지에서 패션 지면의 비중이 늘어나기 시작했다.

남성 패션에 대한 관심도 싹 트기 시작했다. 1974년 7월 25일자 「한국일보」 여성·가정면에는 '남성 모드에 공작혁명'이라는 제목으로 디자이너 앙드레김의 남성복 패션쇼 기사가 실렸다. 서울 조선호텔에서 7월 20일 열린 '앙드레김 남성 모드쇼'는 국내 최초의 남성 기성복 패션쇼로 저명한 음악가인 지휘자 정명훈씨의 남자 형제들이 모델로 나서서 화제가 됐다.

▶ 「한국일보」(1974. 7. 25), '남성모드에 공작혁명'

패션면의 독립과 내적 성숙기(1980-1999)

1980년부터 1999년은 일간지 여성이나 문화면에 종속돼 있던 패션란이 패션면으로 독립하였으며 언론사적으로도 내적 성숙을 이뤘던 기간이다. 특히 1980년대는 한국 패션사에 큰 획을 긋는 사건들이 많이 일어난 시기였다. 광주민주화운동을 짓밟고 탄생한 제5공화국은 대국민 유화정책을 펴면서 가장 먼저 컬러TV 보급을 결정했다. 컬러TV의 보급은 국민생활 자체를 '컬러풀(colorful)' 하게 만들었고 이런 색채 감각은 소비 패턴에 큰 변화를 불러왔으며 가장 민감한 반응을 보인 것은 당연히 의류, 화장품, 구두 등 개인의 패션에 관계되는 상품들이었다.

1983년 시작된 교복자율화도 영패션과 캐주얼 산업의 급성장을 이끌며 국내 패션계를 크게 흔들었으며 한동안 청소년을 위한 올바른 의복 선택과 착용 습관에 대한 기사들이 쏟아져 나오는 계기가 됐다. 1988년에 열린 서울올림픽은 서울에 몰려든 세계인들을 통해 해외의 개성적인 패션문화를 접하고 적극적으로 수용하는 계기가 됐으며 다른 한편 우리 옷에 대한 관심을 환기하는 데도 일익을 담당했다. 전통한복이나 개량한복, 한복 입기의 생활화에 대한 기사가 나왔고 특히 한복의 선과 문양을 양장에 도입하려는 시도가 활발하게 이루어졌다.

언론사적으로는 처음 독립된 패션면이 등장한 시기가 바로 이때였다. 서울올림픽이라는 국가적인 대 사건을 앞두고 신문사들은 다투어 증면을 하기 시작했다. 1987년 6.29 선언 이후로 발행의 자유가 보장됨에 따라 거의 20년간 지속됐던 일일 8면제의 신문사간 카르텔 체제가 무너졌다. 이는 신문사간의 증면 경쟁 및 섹션화를 이끌었다. 많은 신문들이 필요 인력의 보충 없이 증면 경쟁에 뛰어들었고 이는 기사량은 적으면서 크고 화려한 화보를 통해 독자의 시선을 잡아끄는 상업적 전략의 극대화로 나타났다. 이에 부응하는 대표적인 분야가 패션이었다.

국내 일간지에서 독자적인 패션면이 등장한 것은 「중앙일보」가 1994년 국내 신문사 최초로 섹션신문을 선언한 것이 기폭제가 됐다. 3섹션+48면으로 대폭 증면을 한 「중앙일보」는 1995년 요일별로 특화된 섹션면을 발행하면서 토요일자 여성생활 섹션의 일부로 패션면을 주 1회 고정시켰다.「뉴욕타임스」를 벤치마킹한「중앙일보」의 섹션화는 여타 일간지들이 이를 추종하면서 신문 업계의 대세가 되었고 주요 종합일간지들은 다투어 패션면을 주 1회 고정적으로 발행하기 시작했다.

1996년 11월에는「한국일보」가 '네오라이프' 라는 제하의 여성생활 섹션을 내면서 패션면을 주 1회 2개면(양면)으로 확대해 고정하고 문화산업적 측면에서 트렌드 분석을 시도함으로써 패션계의 비상한 관심을 모았다. 네오라이프의 성공적인 안착을 지켜본「동아일보」는 이듬해 생활부와 경제부를 통합한 형태의 패션 산업 전문 경제 섹션을 내놓고자 사내에 태스크포스 팀을 짰으나 갑작스럽게 들이닥친 외환위기와 IMF시대를 맞아 중단한 것으로 전해졌다.

이 시기는 패션면이 독립하고 안정화하면서 패션 저널리즘이 내적인 성숙기를 갖게 됐다. 여전히 의류나 화장품, 연출법 등이 주요 내용이었지만 의류업계의 잘못된 관행이나 패션 유통의 문제점 등을 지적하는 비평 기사가 많아지면서 일간지 패션면은 일제 말기부터 강제되기 시작한 여성생활의 울타리를 뛰어넘으려는 시도를 보였다. 신문에서 패션 사진에 기사 정보의 하나로 브랜드 명칭을 명시하기 시작한 것도 이 시기부터였다. 그 이전에는 상품의 브랜드명을 싣는 것은 일종의 광고행위로 금기시됐지만 문화산업의 중요성이 강조되는 시대에 브랜드명은 그 자체로서 정보이자 언론사의 상업적 전략을 수행하는 표식으로 인정받았다.

하지만 패션 산업의 활성화와 함께 성숙기를 맞은 패션 저널리즘은 세기말 한국 경제를 부도 직전까지 내몰았던 외환위기로 인해 치명타를 입게 된다. 급속한 소비 위축으로 100여개 패션 업체가 도미노처럼 줄줄이 쓰러졌고 이제 막 특화된 분야로 홀로서기를 시도하던 패션 저널리즘도 뿌리째 흔들릴 수밖에 없었다. 서울역 지하도가 실직하고 갈 곳 잃은 노숙자들로 넘쳐나던 시절, 패션은 부도덕한 사치 행위에 불과했다. 광고 매출 격감으로 대부분의 신문이 발행면 수를 줄이면서 가장 먼저 폐지한 지면 중의 하나가 패션면이었다. 패션은 다시 여성생활면의 일부가 되거나 자체 존립한다고 해도 지면 확보가 매우 불안정한 상태로 운영됐다.

상업화, 시각화, 글로벌화의 시대(2000-현재)

IMF 구제금융 기간 동안 '사치 조장'이라는 오명 아래 신문지상에서 사라지거나 근근이 명맥을 유지하던 패션 저널리즘은 새천년의 도래와 함께 도약의 기회를 잡았다. 소비사회의 꽃으로 패션에 대한 관심이 증폭되고 패션 산업은 가장 매혹적인 비즈니스로 부상했으며 이를 다루는 패션 저널리즘의 역할과 영향력도 극대화하는 추세다. 그러나 전문화와 시각화, '여성' 위주에서 '남성까지 아우르는' 영역의 확대 등 질적 도약에도 불구하고 노골적인 상업성과 명품 지향으로 인해 패션 저널리즘이 오히려 패션 산업의 서구 종속화에 일조한다는 비판도 고조되고 있다.

새천년에 들어서면서 일간지들은 경기 호전의 기미를 재빠르게 파악하고 다시 증면에 나섰다. IMF 구제금융이라는 혹한기를 지낸 신문사들은 증면을 하면서 그것이 과연 경영상에 도움이 될 것인가를 치밀하게 따져보기 시작했다. 그 결과 증면의 단골 메뉴인 패션면을 다시 대대적으로 부활시키면서 신문사는 마침 새천년을 맞은 한국사회의 화두가 된 세계화(Globalization)를 상업적인 필요에 맞게 해석했다. 패션 지면의 상업화, 명품지면화가 그것이다.

패션지면의 상업성을 가장 적극적으로 추구한 신문은 「동아일보」였다. 동아일보는 2001년 가을 주말판을 발행하면서 '스타일'이 라는 제하에 적게는 2개 면 많게는 4개 면까지를 의류와 화장품 관련 기사로 채우기 시작했다. 지면에 소개되는 제품 사진은 90% 이상이 이른바 해외 럭셔리 브랜드였으며 기사 안에 등장하는 브랜드 이름도 거의가 외국산으로 채워졌다. 신문 전단에 기사는 2꼭지 이하로 실었으며 대신 화보를 극적으로 키워 광고 효과를 극대화했다.

동아일보의 전략은 마침 불어온 우리 사회의 명품선호 바람과 함께 대중적으로 큰 반향을 일으켰다. 「조선일보」와 「중앙일보」도 곧 명품 전쟁에 뛰어들었고 「매일경제」 「한국경제」 등 경제지, 스포츠지까지 합세했다. 명품&트렌드, 명품섹션 등의 이름으로 광고성 기사인 애드버토리얼(advertorial)이 홍수를 이뤘다.

상업화, 명품지면화와 함께 2000년대 신문 패션 저널리즘을 특징짓는 것은 여론형성 기능의 강화다. 다양한 라이선스 패션잡지와 인터넷을 통한 정보의 빠른 유통은 파리나 밀라노 뉴욕 등 패션 발신지의 소식을 실시간으로 전하기 시작했고 이를 통해 대중의 패션 정보력도 한층 더 발전해 갔다. 신문 패션면은 아무리 시각화, 화보화가 진전되고 있다고 해도 정보량에서 잡지나 인터넷 등의 매체를 따라잡을 수는 없었다. 그렇다면 대안은 신문의 장점인 여론 수렴 및 형성 기능을 패션 기사 안에 끌어들이는 것이었다. 2003년 4월 대한민국 국회를 뜨겁게 달궜던 유시민 '빽바지' 파동을 다룬 일간지들의 활약이 대표적이었다. 당시 보궐선거로 제16대 국회의원에 당선된 유시민 의원이 국회 첫 등원인사 자리에 정장이 아닌 캐주얼 차림으로 나오자 한나라당 의원들이 집단 퇴장한 사건을 보도하면서 일간지들은 '국회의원 옷차림은 예의인가, 전략인가'에 대한 다양한 여론 수렴 기능을 수행, 신문을 의복문화에 관한 열린 토론의 장으로 적극 활용했다.

일간지 패션 저널리즘은 패션면의 영역을 넘어서기 시작했다. 정치인의 옷차림은 물론 대선주자들의 이미지메이킹, 북한 여성 응원단의 미모에 열광하는 남한사회의 이면에 숨겨진 남성들의 위기 의식, 꽃미남 패션 붐 등 패션을 사회학적, 문화사적 입장에서 고찰하는 시도가 이루어졌다. 일상적인 패션면과는 별도로 정치면, 경제면, 여론독자면 등에서 패션 현상에 관한 논의를 다루는 횟수도 늘어났다. 적어도 2000년대 이후 일간지 패션 저널리즘은 '패션은 여성의 관심사'라는 편협한 시각을 타파하는 데 성공했으며 패션의 산업적, 문화적 측면은 물론 정치적, 성적(gender)인 논의를 확대하는 데 확고한 초석을 놓은 것으로 평가할 만하다.

일간지 패션 저널리즘의 기능

종합일간지는 특정 집단이 아닌 불특정 다수를 독자층으로 하는 신문이다. 물론 보수와 진보, 중도 등등 각각의 신문이 표방하는 정치적 성향에는 다소간 차이가 있지만 남녀노소 모든 계층을 독자로 상정하고 제작한다는 점은 동일하며 바로 이 점이 일간지 패션 저널리즘의 역할이 강조되는 이유다. 매스컴이 패션에 대해 어떤 시각을 가지며 어떤 방법으로 이를 취급하느냐는 일반의 패션 인식 형성에 직접적인 영향을 미친다.

패션의 일상화 기능
패션 기사는 패션을 단순히 '멋내기 정보' 혹은 '여성의 허영과 남성의 관음적 욕구를 만족시키기 위한 지면'이 아닌 우리 생활문화의 한 부분으로 각인시키는 노력에서 출발한다. 이는 패션이 특정 연령대나 성의 전유물이 아니며 일상의 문화이자 의식을 보여주는 바로미터라는 것을 인식시키는 데 큰 몫을 한다.

일상문화로서 패션을 담은 기사들은 계절의 유행 정보가 아닌 백화점 주차원의 차림새나 배냇저고리마냥 짧아지는 여고생 교복, 슬그머니 정장을 밀어낸 비즈니스캐주얼 등을 통해 일상의 패션이 당대의 삶과 문화를 어떤 식으로 대변하는지에 관심을 둔다.

균형 잡힌 비평 기능

제대로 된 패션 비평을 내놓는 것도 일간지 패션 저널리즘의 중요한 기능이다. 현대사회에서 패션은 거대한 산업이다. 패션잡지나 패션을 다루는 각종 케이블TV 프로그램은 패션 디자이너 브랜드나 업체로부터 스폰서십(협찬)을 받아서 진행하는 경우가 대부분이며 따라서 이들 매체들은 정보 제공은 가능하되 비판적 시각을 담기는 어려워진다. 반면 일간지의 경우 타 매체에 비해 비교적 광고주의 압력을 덜 받는다. 패션 대중에게 도움이 될 수 있는 비평이나 논평을 전달하기에 한결 유리한 위치에 서 있는 셈이다. 다만 국내 일간지의 경우 패션을 산업적 측면보다는 문화적 측면으로 접근하는 경우가 많고 유명 디자이너들을 예술인으로 예우하는 데 익숙해 예리한 비평을 접하기란 쉽지 않다.

패션 산업의 협력자적 파수꾼 기능

현대 사회에서 일간지 패션 저널리즘의 역할로 중요하게 부각되는 것이 패션 산업에 대한 협력자적 파수꾼의 역할이다. '협력자적'이라는 표현은 패션 저널리즘 역시 패션 산업이라는 거대한 수레바퀴의 한 축을 담당하는 일부분이라는 인식을 담고 있다. 패션 업계가 생산하는 제품과 서비스에 의미를 부여하고 필요를 창출해 내 독자의 손에 전달하는 것이 패션 저널이라는 점을 생각하면 쉽게 이해되는 대목이다.

파수꾼은 어떤 일이 제대로 되어 가는지 아닌지를 감시하는 사람이다. 패션 저널리즘의 파수꾼은 패션 산업계가 올바른 방향으로 가고 있는지 지속적으로 관심을 표명하고 유도하는 역할을 맡는다. 패션 저널리즘은 근본적으로 패션 업계가 존재하기 때문에 존재한다는 점에서 패션 산업과 떼려야 뗄 수 없는 관계다. 당연히 패션 업계의 핫 이슈가 무엇이며 그것이 어떤 의미를 갖는지를 이해하고 이를 일반에게 올바르게 전달함으로써 업계의 발전을 유도해내는 것이 중요하다.

휴식과 오락의 기능

일간지의 패션 기사는 어두운 사회면 기사나 셈법이 복잡한 정치 기사가 제공하기 힘든 시각적 즐거움과 재미를 선사한다. 이러한 까닭에 패션 저널리즘을 경박하다고 보는 시각과 본격적인 저널리즘의 한 분야라고 인식하지 않는 경우가 꽤 많다. 그러나 패션 저널리즘에서 휴식과 오락 기능은 매우 중요하다. 늘 새로움을 추구하는 패션의 본질은 그 자체로서 평범한 일상에 활력을 제공하며 빼곡한 활자의 균형을 깨뜨리며 화려하게 제공되는 시각정보(패션화보)들은 천 마디의 설명문보다 명징하게 트렌드를 설명하며 패션의 매혹적인 측면을 극대화한다.

인정하든 인정하지 않든지 간에 사람들은 패션 기사의 내용 보다는 사진에 우선 관심을 둔다. 근사한 수영복 차림의 모델이나 노출이 심한 드레스를 입은 모델 등 강렬한 이미지의 화보는 독자를 딱딱한 신문 읽기에서 순식간에 해방시켜주는 활력소 역할을 톡톡히 한다. 이른바 눈요기 혹은 쉬어가기 페이지로서의 기능을 부정하기 어렵다. 신문사간 증면 경쟁이 치열해지면 반드시 동반되는 것이 패션면의 증가였다는 것을 감안하면 패션은 독자를 잡아끄는 시원하고 매력적인 지면을 만드는 데 아주 적합한 분야로 인식되었음을 알 수 있다.

또한 모델이나 디자이너 등 패션 업계 인물들이 비즈니스맨이기 보다는 문화예술인으로 취급되는 한국적 풍토도 패션면의 오락성을 강화하는 요인으로, 유명 모델은 연예인처럼 다뤄지며 패션쇼는 작품발표회처럼 소개됨으로써 패션은 독자들에게 흡사 대중문화의 한 분야처럼 전달되고 있다.

일간지 패션 저널리즘의 현황

현재 종합일간지의 패션 기사는 의류 관련 기사가 중심이며 트렌드보다 시즌 사이클에 따른 상품 정보 제공이 더 우선되고 있다. 패션 기사의 정보원은 제조업체나 제조업체가 고용한 홍보 대행사인 경우가 과반수를 차지, 패션 관련 기사가 업체의 홍보 전략에 좌우될 소지가 다분한 것으로 보인다.

한편 2000년대 들어 일간지 패션 기사는 여성과 남성을 함께 아우르는 기사가 절반에 육박, 흔히 '패션은 여성을 위한 지면'이라는 고정관념을 뒤엎고 있다. 대상 독자층은 성인이 절대 다수를 차지한 반면 노년층이나 어린이들의 의생활 관련 기사는 매우 드물다. 이는 패션 기사의 관심이 실제 소비력이 있는 계층에 집중되고 있음을 보여주는 것으로, 급속하게 고령화 사회로 접어들고 있는 국내 현실을 감안할 때 실버 계층의 패션 욕구와 패션문화에 대한 보다 큰 관심이 필요한 것으로 판단된다.

일간지에서 패션 관련 기사를 더 이상 패션면에서만 볼 수 있는 기사로 한정할 필요가 없어진 것은 고무적이다. 패션 기사가 실린 지면을 조사한 결과, 패션면이 과반수이기는 했으나 기사 3건 중 1건 정도는 경제면에 실리고 있었다. 이는 패션이 여성 혹은 생활의 범주에서 점차 산업의 범주로 영역을 넓히고 있음을 보여준다. 또 여론독자면도 패션 관련 기사를 많이 다뤘는데 이는 패션 현상이 우리 사회에서 중요한 의제 설정의 기능을 하고 있음을 말해준다.

패션 기사에서 사진이 기사의 보조물이 아닌 주도적 시각정보로 자리 잡는 데 성공한 것도 주목할 만하다. 한때 간접광고로 여겨졌던 브랜드나 디자이너명의 노출은 최근엔 중요한 정보의 하나로 자연스럽게 제공되고 있다. 그러나 사진의 과시적인 사용은 고가의 수입 브랜드 선호를 조장한다는 우려도 낳고 있다. 해외 브랜드 제공 사진이 국내 브랜드 사진의 2배를 넘는 경우도 흔히 볼 수 있다. 이는 세계 트렌드의 흐름이 실시간으로 소개되는 정보화시대, 글로벌시대의 당연한 귀결이면서 동시에 소비력이 큰 상류층을 주독자층으로 포섭하려는 언론사들의 상업주의적 계산속을 보여주는 것이기도 해서 앞으로 일간지 패션 저널리즘의 전개에 상당한 영향을 미칠 것으로 판단된다.

일간지 패션 저널리즘의 올바른 방향성에 대해서 패션 담당 기자들은 패션을 단순한 멋내기가 아닌 우리 삶과 생활문화, 산업의

한 부분으로 각인시키려는 노력에서 찾아야한다고 입을 모으고 있다. 한 나라의 패션문화는 한 사람의 뛰어난 디자이너나 브랜드가 아닌 국민 일반의 패션에 대한 인식이 향상되어야 비로소 도약할 수 있기 때문이다. 다음은 국내 최고 연혁의 언론인단체인 관훈클럽에서 출간하는 「관훈저널」에 실린 글로 2000년대 초반 국내 일간지 패션 저널리즘의 현황을 잘 알 수 있다.

> 현재 패션에 지면을 가장 많이 할애하고 있는 것은 「동아일보」다. 주말판에 스타일면을 3면씩 내고 있다. 그 다음이 「일간스포츠」로 주 2면을 확보하고 있으며 「조선일보」, 「중앙일보」, 「문화일보」와 대부분의 스포츠신문들은 주 1면을 고정적으로 할애하고 있다. 그 외 「한국일보」, 「경향신문」, 「국민일보」 등은 독자적인 면 없이 생활면에 패션 기사를 함께 넣는 식으로 운영되고 있다.
>
> 지면 내용을 보면 대부분의 기사가 멋내기 정보 차원에 머물고 있다. 명절이면 한복 입기, 웨딩 시즌엔 웨딩드레스와 예복 유행 정보, 여름엔 노출 패션과 비치 패션 등 시즌성 단골 메뉴가 지면을 메우며, 이들 기사의 한결같은 공통점은 코디네이션 방법을 제안해 주는 것으로 끝맺음된다는 것이다. 예를 들어, 2002년 우리나라에서 월드컵이 열리던 시기에 쏟아져 나온 '월드컵 패션' 기사의 경우 대부분이 빨간색 티셔츠에 줄무늬 바지를 입고 축구화 스타일의 스니커즈를 신으라는 식의 조언을 내놓았다.
>
> 지면에 자주 다뤄지는 종목들은 의류와 화장품, 보석, 각종 액세서리 등이며 패션면에서는 단순 유행정보 제공에 초점을 맞추고 있다. 때문에 대부분의 패션 담당 기자들은 한 1년 뛰고 나면 또 똑같은 기사를 쓰는 것 같아 짜증스럽다는 말도 많이 한다.
>
> 출처 ㅣ「관훈저널」 2002년 여름호

일간지 패션 저널리즘의 문제점

일간지 패션 저널리즘에 대한 비판은 크게 일회성 기사의 양산으로 전문성을 갖춘 심층 기사가 부족하고 산업적 접근보다 생활 기사로 국한되는 경향이 있으며 상업성이 노골화되고 있다는 것 등으로 나누어 살펴볼 수 있다. 앞서 발췌한 「관훈저널」 기고문에서 이러한 비판들이 자세하게 설명됐다.

일회성 기사로 통찰력이 아쉽다

일간지 패션 지면은 흔히 대중적 행사 고지를 위한 알림판 정도에 머문다. 이는 의류업체 또는 패션 전문 홍보 대행사들의 매체 활용 방법에서도 드러난다. 예를 들면, 첫째, 패션 관련 행사가 있을 때 일간지는 분위기를 띄우기 위한 사전 홍보용으로 활용한다. 둘째, 현장취재 등 실제 행사 보도는 방송이나 패션잡지 등을 동원한다. 셋째, 사후 취재를 비롯한 행사 의미 부여 등은 패션 업계 전문지를 이용한다.

일간지 패션면이 행사 고지용 알림판으로 폄하되는 이유는 주로 일간지의 경우 일회성 시즌성 기사를 양산하고 패션계 전반을 아우르는 통찰력 있는 기사를 찾기 힘들다는 것이다. 행사의 중요성이나 패션 업계에 미치는 영향과 의의 등을 기사 선택의 원칙으로 삼는 게 아니라 화제 중심으로만 기사를 쓰다보니 흥미로울진데 기사의 깊이는 얕은 경우가 많다.

패션 기사는 기본적으로 참신성과 기획성, 사회성을 갖춰야 하는데 현실은 대부분 여성을 위한 멋내기 정보로 치우친다. 때문에 이 신문이나 저 신문이나 비슷한 날짜에 비슷한 주제, 비슷한 내용의 기사가 쏟아져 나온다. 심층 취재를 곁들인 비평적인 글이 신문에 자주 실려야 업계도 자극받고 좀 더 발전할 수 있다는 점에서 전문화 노력이 절실하다.

업체의 홍보 의도대로 끌려다닌다

일간지 패션 담당 기자들이 전문성이 떨어지다 보니 브랜드의 홍보 의도대로 끌려 다니는 것도 문제로 지적될 수 있다. 패션 업체에서 보낸 보도자료를 토씨 하나 바꾸지 않고 그대로 쓰거나 사실 확인 절차 없이 보도해 낭패를 보는 경우도 상당하다. 문제는 이들 패션 업체 홍보 담당자들이나 홍보 대행업체의 경우도 패션 전문가가 아니기 때문에 엉터리 정보가 유통될 때도 많은 데 그것이 검증 없이 그대로 지면을 통해 일반인에게 전달되고 결국 패션에 대한 오류와 오해를 양산하는 결과를 낳기도 한다는 것이다.

예를 들면 엄연한 우리말 '환절기'가 있는데도 국어사전에도 없는 일본식 표현 '간절기'를 붙여서 간절기 패션이라는 용어를 만들어내 유통시킴으로써 종국에는 간절기 패션이 환절기에 입는 옷들을 일컫는 일종의 전문 용어처럼 오인시키는 것이나, 캐주얼 브랜드에 50대 유명인이 광고 모델로 선정된 사례가 있는데도 마치 자신들이 처음인 것처럼 보도자료를 내고 이것이 사실 확인 없이 버젓이 지면을 통해 기정 사실화하는 것 등이 대표적이다.

이러한 업체의 홍보 의도대로 사실이 왜곡되는 현상에 대한 예리한 비판을 담은 기사 한 편을 소개한다.

> 지난 주말 연예기사 한 토막이 유난히 제 눈을 끌었습니다. 세계적인 디자이너 조르지오 아르마니가 가수 비를 위해 직접 옷을 만들어

주기로 했다는 내용이었어요. 한류열풍이 드디어 동남아를 넘어서 콧대 높은 서구 패션계의 제왕까지 굴복시켰구나 감동할 만하지요.

이 뉴스는 제게 또 다른 연예기사 한 편을 떠올리게 했습니다. 지난해 4월 아시아에서는 최초로 중국 상하이에서 열린 아르마니 패션쇼에 권상우가 모델로 나서 한류스타의 위세를 당당하게 보여줬다는 내용으로 당시 장안의 화제였습니다.

그러나 저는 이 뉴스들을 접하면서 좀 입맛이 쓰더군요. 한류스타 띄우기에 혈안인 연예 저널리즘이 정작 패션계에서 묵묵히 제 길을 개척하느라 피땀 흘리는 사람들을 허탈하게 만들기 때문입니다.

이들 뉴스의 실상은 이렇습니다. 아르마니 관계자에 문의한 결과 권상우는 모델로 선 것이 아니라 초청객 중 한 명으로 패션쇼를 보고 뒤풀이 파티에 참가한 것이 전부였습니다. 비 역시 미스터 아르마니가 직접 옷을 만들어준다는 것은 과장이고 아르마니사(社)가 지난해 9월부터 전 세계 동시 시작한 주문제작 서비스를 홍보하기 위해 스타마케팅 차원에서 로마로 초청, 현지 재단사가 옷을 맞춰준다는 것이었지요.

패션 담당 기자인 제가 굳이 연예계 뉴스에 토를 다는 이유가 뭐냐구요? 한류스타의 성과는 인정하되 과대포장하지는 말자는 겁니다. 미스터 아르마니는 지금껏 단 한번도 유명스타를 패션쇼에 모델로 세우지 않았습니다. 리처드 기어, 리키 마틴 등 내로라 하는 톱스타들이 팬을 자처하지만 아르마니는 적어도 패션쇼에서는 옷보다 사람이 튀어서는 안 된다는 철학을 갖고 있는 것으로 유명하지요.

더 큰 문제는 이런 뻔한 거짓말들이 패션쇼 무대를 위해 수년간 피나는 수련과정을 거친 모델들의 사기를 꺾어놓기 십상이라는 점입니다. 지금 당대의 톱모델로 군림하고 있는 장윤주만 해도 17세 데뷔 전 3년간은 뺨을 맞고 머리를 쥐어 박히며 하루 12시간씩 워킹 연습하는 모진 세월을 견뎌냈습니다. 그 결과 옷을 가장 잘 표현하는 모델이 된 것이지요.

　비나 권상우가 모델 부럽지 않은 신체조건을 가진 건 사실입니다. 그러나 아름답게 단련된 몸은 모델의 필요조건이기는 해도 충분조건은 아닙니다. 옷의 매력을 극적으로 표현하는 능력은 단지 몸만으로 되는 것이 아니니까요.

　마침 장윤주의 뒤를 잇는 걸출한 모델인 송경아가 올해 뉴욕에 진출해 현지 에이전시로부터 좋은 반응을 얻고 있다는 소식입니다. 10대 중반부터 세계 패션무대에 나서기 위해 피나는 수련을 하고 있는 모델들을 생각해서라도 새해엔 허풍 섞인 '연예인 패션뉴스'가 사라졌으면 하는 바람입니다.

출처 |「한국일보」(2005.1.9), '패션모델은 아무나 하나?'

산업적 접근이 부족하다

　시즌성 멋내기 정보가 주류를 이루다보니 패션의 산업적 측면을 다룬 기사는 찾아보기 힘들다. 패션은 생활이고 문화이면서 동시에 산업이기도 하다. 당연히 최근 우리 패션 업계의 문제점이나 동향도 깊이 있게 다뤄져야 하는데 대부분의 패션면은 그런 기사들을 경제 관련 기사로 치부하고 무시한다. 그러나 경제면에서 과연 섬유나 의류, 디자이너 브랜드군의 최신 동향, 컬렉션 등에 대한 기사가 심도 있게 다뤄지고 있을까? 신문은 일반 독자들을 위한 정보 제공뿐 아니라 업계를 선도하는 역할도 해야 하는데 패션면에 그런 역할이 부여되지 않고 있다. 아마도 패션면은 늘 말랑말랑해야 한다는 선입견 때문인 듯하다. 산업적 접근이 부족한 상태에서는 일간지 패션면은 패션 업체의 판촉용 매체로 전락할 수 있다.

　일간지 패션 지면의 이러한 문제점은 다음과 같은 일간지 내부의 관행에서 비롯되는 것으로 보인다.

패션은 생활 기사로 국한되는 경향이 있다

패션 지면을 바라보는 시각, 특히 일간지 내에 패션을 일종의 생활 정보로만 국한시키는 시각이 존재하는 한 패션면이 전문성을 갖는 것은 요원하다. 즉 옷이란 추울 때 입고 더울 때 벗으면 되는 것일 뿐 옷과 옷 입는 행위에 특정한 의미를 부여하는 것은 일종의 허영이라는 시각이다. 이 시각에 따르면 패션면은 자연히 옷 싸게 사는 법, 잘 고쳐 입는 법, 유행상품 맵시 있게 입는 법 등 생활 정보성 기사로 채워져야 한다.

그러나 옷은 몸을 보호하는 1차적 기능 외에도 다양한 함의를 갖는다. 개성을 표현하는 수단으로서, 자기 정체성의 증거로서, 문화적 정서적 준거틀로서, 계층과 계급의 차별화 수단으로 옷은 끊임없이 메시지를 발신하고 외부와 소통하는 일종의 커뮤니케이션 수단이다. 옷은 사회와 문화의 바로미터이기도 하다. 하이힐이 탄생한 배경에는 파리의 시궁창 같은 거리가 있었고, 남녀 공용이던 하이힐이 여성의 전유물로 바뀐 데는 프랑스 혁명의 회오리가 있었다. 직각의 어깨 패드가 위풍당당했던 1980년대의 파워슈트는 여성의 사회 진출이라는 시대의 명제가 뒷받침했고 앤드로지너스 룩은 여성성과 남성성의 구분이 모호해지는 21세기의 풍속을 바탕에 깔고 있다.

또한 옷은 산업적으로나 국가 경쟁력 측면에서도 중요하다. 비록 고가의 기능성 섬유에서는 아직 선진국을 못 따라가지만 한국은 세계에서 손꼽히는 섬유 수출국이다. 동대문 패션가는 아시아 각국이 주목하는 트렌드의 중심지로 부상했고, 패션 상품 소비력에 있어서는 일본을 제치고 LVMH, 구찌그룹 등 세계적인 패션 업체들이 가장 눈독을 들이는 시장이다. 무엇보다 패션은 고부가가

치의 문화상품이라는 점에서 대외적인 국가 이미지나 경쟁력 제고에 엄청난 영향을 미친다. 파리컬렉션은 문화 예술의 나라로서 프랑스의 이미지를 확대 재생산해내며 관광 쇼핑객 유치 및 전 세계 패션 산업에 대한 장악력 등에서 막강한 힘을 발휘하고 있다. 이러한 현상들을 보면 패션 기사가 지금보다 훨씬 다양해져야 한다는 결론은 자연스럽게 도출된다.

잦은 기자 교체 및 이원화된 취재 시스템

패션면의 전문성이 확보되지 않고 생활 정보성 기사 위주로 채워지다 보니 담당 기자들의 집중도도 떨어지고 로테이션도 자주 발생한다. "패션 기자 1년 하고 나면 그 다음해부터는 스크랩북만 있으면 먹고 산다"는 자조적인 우스개가 나올 정도로 시즌성 기사를 많이 쓰다 보니 담당자들이 쉽게 흥미를 잃는다. 자연 오랜 기간에 걸쳐 전문성을 갈고 닦기보다는 경력이 짧은 젊은 기자, 그것도 여기자들이 한번쯤 거치는 영역 정도로 인식된다. 패션계에서 "패션계를 알 만하면 떠난다"거나 "패션 업계에 대한 깊이 있는 이해를 갖춘 기자가 드물다"는 볼멘 소리가 나오는 이유다. 또한 패션전문기자로 특채해 놓고도 전문성을 인정하지 않은 채 타 취재 분야를 맡기는 모순된 경우도 심심찮게 발생한다.

잦은 기자 교체와 더불어 언론사 내의 이원화된 취재 시스템도 일간지 패션 기사의 문제점으로 지적된다. 패션 담당 기자는 일부 경제지를 제외하고는 대부분의 일간지에서 생활부 담당 기자와 경제부 담당 기자로 이분화되어 있다. 커버하는 영역이 같으므로 기자들 사이에서 분업이 이루어져 트렌드와 컬렉션 정보 등 비교적 연성 뉴스는 생활부에서 산업계 뉴스는 주로 경제부에서 다루며 쇼핑 정보는 양쪽이 같이 다룬다. 그러다 보니 기사가 겹쳐서 나가는 문제가 발생하고 양쪽 부서와 기자 사이에서 마찰도 심심찮게 일어난다. 중요 산업적 이슈라도 경제부가 관할하는 산업군 내의 패션 산업 비중이 워낙 작아 묵살되는 경우도 많다.

명품 지면의 노골적인 상업성

패션면 자체의 전문성이 떨어지는 분위기에서 최근 양산되고 있는 소위 명품 브랜드 관련 기사에 대한 우려도 많다. 유력 일간지들이 고가 수입 브랜드의 트렌드 정보나 상품 소개 등을 집중 조명하고 있다. 이는 국내의 소비 풍토를 바꾸고 있다. 소비자의 생활 수준과는 동떨어진 명품 바람은 일종의 이미지 소비이지만 요즘은 중고등학생들도 명품 구입을 위한 계를 할 정도로 상류지향적인 소비 풍토를 만드는 데 일조했다. 일간지의 명품 브랜드를 다루는 방식이 큰 영향을 미쳤음을 부인하기 어렵다. 패션을 사치 또는 허영의 산물로 치부하던 전통적인 고정관념은 유독 고가의 럭셔리 제품에는 관대해서 일종의 문화적 아우라를 지닌, 그 가치를 알지 못하면 노블레스 계층에 들지 못하는 무형의 자산을 지닌 어떤 것으로 소개하는 데 앞장섰다. 이런 일간지의 시각은 치열한 광고 수주 경쟁에서 살아남아야 하는 신문의 상업적 필요에 의해 부각된 것으로 소비 양극화와 함께 앞으로도 더 강조될 것으로 보인다.

신문사의 남성 중심적 시각

성차별적 관점에서 패션면의 부침을 보는 시각도 있다. 1990년대 중반 일간지들이 다투어 컬러 지면을 확대하면서 가장 중점적으로 확장한 취재 영역이 바로 패션과 음식이었다. 이 두 분야는 둘 다 라이프 스타일의 변화를 뚜렷이 보여주는 분야이면서 컬러 지면을 가장 효과적으로, 그야말로 '색(色)'스럽게 꾸밀 수 있는 영역이라는 점에서 각광받았다. 그런데 외환위기를 겪으면서 이 둘은 전혀 상반된 길을 걸었다. '어려운 시대에 패션은 사치'라는 낙인이 찍혀 패션면은 제일 먼저 자취를 감춘 반면 음식면은 그대로 살아남아 명맥을 유지했다. 당시 졸지에 패션면이 사라진 이유는 다음과 같다.

"패션면의 주 독자층은 여성이다. 패션 업계 제품 구성에서 여성 의류와 용품이 8할을 차지하기 때문에 이는 당연한 결과다. 하지만 신문 입장에서 여성 독자는 여전히 마이너리티다. 이는 신문사 내부 구조가 남성 중심으로 짜인 것과도 일맥상통한다. 한마디로 패션은 이 사회의 주류인 남성들 대다수가 즐기고 관심을 기울이는 분야가 아니다. 패션면은 여성 독자층을 잡기 위한 일종의 서비스 지면이었기 때문에 경제가 어려운 시기에는 그 중요도가 떨어진다."

그렇다면 음식면은 어떻게 살아남았을까. 외환위기 직후 음식면은 주부들을 위해 음식 레시피를 주로 소개하던 데서 탈피, 매식이 잦을 수밖에 없는 직장 남성들을 위해 맛집과 건강식 등 식도락을 소개하는 방식으로 변신하면서 남성 독자들의 지지를 끌어낼 수 있었다.

패션 업계 전문지

패션 업계 전문지는 일간지와 패션잡지 중간쯤에 자리잡고 있는 매체다. 타블로이드 판형이 대부분이며 주간으로 발행되고 불특정 다수가 아닌 패션 업계 종사자라는 특정 독자층을 겨냥한다는 점에서 종합일간지와는 본질적인 차이가 있다. 패션 산업과 관련해 일간지가 제공해 줄 수 없는 다양한 정보와 지식, 해당 업종의 동향을 집중적으로 전달하면서 활성화되었다.

패션 업계 전문지 발전 과정

근대적 의미에서 국내 패션산업의 탄생 시기는 근대적 방적공장인 조선방직이 부산에 설립된 1917년 이후로 볼 수 있다. 이후 꾸준한 발전을 통해 1980년대 국내 제조업 중에서 섬유산업은 최대의 중흥기를 맞이하였고 이를 배경으로 「한국섬유신문」이 1981년 창간되었다. 이 신문은 국내 섬유 및 패션 산업의 발전과 수출 증대를 위하여 세계 섬유시장의 현황을 소개하고 국내외 섬유 및 패션 관련 정보를 제공한다는 목적 아래 발행되었다. 뒤이어 「한국섬유경제」, 「어패럴뉴스」, 「국제섬유신문」, 「텍스헤럴드」, 「패션신문」, 「세계섬유신문」, 「패션인사이트」 등이 속속 발간되었다.

패션 업계 전문지의 기능

패션 업계 전문지의 기능은 일반적으로 보도(to inform), 지도(to influence), 광고(to advertise), 오락(to entertain) 등 크게 4대 기능으로 요약할 수 있다. 이러한 기능은 일간지의 패션 기사 기능과 언뜻 유사하지만 내용적으로는 상당히 차이가 있다. 구체적으로 살펴보면 다음과 같다.

높은 보도 기능

일반 신문이 커버하기 어려운 부분을 보충해 주는 보조 기능을 하는 전문지는 독자 계층을 전문 분야별로 세분화하여 각기 그 분야에 필요하고 가치 있는 정보를 제공하는 기능을 담당한다. 전문 분야의 발전을 위해 필요한 보도를 일간지보다 더 많이 제공함으로써 보도 및 정보 전달 기능이 강하다고 볼 수 있다. 실제로 패션 업계 전문지는 다른 기사 유형에 비해 뉴스 기사가 압도적으로 많은데 기자의 의견 개진 없이 새로운 소식만을 기술하여 전달하는 기능이 강조되고 있음을 볼 수 있다.

미흡한 지도 기능

섬유나 패션 전문지는 또한 관련 업계의 이익과 발전을 위해 지도적 기능을 수행한다. 그러나 실제로 전문신문의 유형별 기사를 분석해 볼 때 언론의 지도 기능을 가장 적극적으로 실천하는 사설 기사가 매우 적다는 것도 큰 특징이다. 이는 섬유 패션 전문지가 언론 본연의 지도 기능을 제대로 수행하고 있다고 보기 어려운 현실을 보여준다. 또한 뉴스에 가려진 진실을 파헤치기 위해 심층 취재하여 보도하는 해설기사의 비율도 상당히 낮은 편이어서 전문지임에도 산업계에 미치는 지도적 영향력은 미흡한 것으로 판단된다.

크게 발휘되는 광고 기능

대중을 대상으로 하는 일간지와 달리 업계 전문지는 오락 기능은 미비한 반면 광고 기능은 가장 크게 발휘된다. 업계의 소식을 충실히 전달하는 데 치중하다 보니 실제로 기사가 객관적인 서술 형태이더라도 광고 기능을 내포하고 있는 경우가 적지 않다.

업계 전문지의 이러한 과다한 광고 기능은 신문 출간과 관련된 재정 상태를 전문 분야에 한정된 광고에 의존하는 수밖에 없다는 점에서 기인한다. 즉, 패션 업계 전문지는 결국 신문 판매보다는 패션 업체들의 광고에 의존해 운영되고 있기 때문에 광고주의 권익을 최대화하는 쪽으로 지면을 만들게 되고 이로 인해 광고성 기사가 남발되는 경우가 많다.

취약한 오락 기능

신문의 오락적 기능은 날로 복잡해지고 급변하는 사회 생활의 긴장을 풀어주는 여가의 기능을 수행한다. 이러한 오락 기능은 독자의 감성에 접근하는 뉴스의 연성화로 해석할 수 있으며 불특정 다수의 독자들을 겨냥한 일간지의 대중화 추구 전략에서 비롯되는 것이기도 하다.

그러나 패션 업계 전문지는 주 독자층이 업계 종사자들로 한정돼 있기 때문에 오락 기능을 수행하는 데는 현실적 제한이 있다. 업계 전문지의 경우 독자의 감성에 주목하기보다는 산업적 필요와 업계 동향, 수출 실적 등 비즈니스 측면에 무게를 두기 때문이다.

패션 업계 전문지 저널리즘의 현황과 문제점

국내 패션 업계 전문지는 영세한 수익 구조와 잦은 기자 교체, 전문성 부족 등 일간지와 유사한 문제를 갖고 있는 동시에 광고주에 예속될 수밖에 없는 구조적 모순으로 인해 오히려 일간지보다도 패션 저널리즘의 지도적 기능 면에서 약한 모습을 보이고 있다. 이러한 구조적 모순은 이 매체의 독자가 곧 광고주라는 데 기인한다.

패션 업계 전문지는 기본적으로 패션 업계를 구성하는 패션 유관 업종 종사자들을 주요 독자로 한다. 이들에게 자신이 몸 담고 있는 업계의 현안이 무엇인지, 업계의 동향은 어떤지를 알려주는 것이 전문지 본연의 책임이다. 그런데 이러한 전문지들이 운영되는 방식은 대부분의 패션잡지나 일간지와 마찬가지로 판매 부수 보다는 광고에 의존한다. 모순은 여기서 발생한다. 신문이 감시하고 보도해야 하는 대상이 곧 신문의 존폐를 좌우하는 광고주로 군림하는 것이다. 물론 일간지도 비슷하지만 종합일간지의 경우 다양한 산업군과 문화 정치 사회 모두를 다루기 때문에 특정 산업군 의존도가 낮다.

결국 업계 전문지는 일간지에 비해 산업적이고 상업적이며 보다 전문적인 내용을 담되 주요 수입원인 광고주의 반응과 기대치를 최대한 고려한 광고성 기사를 양산하는 식으로 파행 운영되는 경우가 흔하다. 화제의 브랜드, 화제의 기업, 신상품, 행사, 히트 예감, 뉴 브랜드 같은 주목도 높은 박스형 기사가 범람하는 이유도 광고주에 대한 배려라고 볼 수 있다. 한 조사에 따르면 전문지의 기사 작성과 관련해 광고와 관련 없이 보도하는 내용 중 광고주를 염두에 둔 것이 80% 이상으로 나타났다. 보도 내용이 주요 수입원인 광고주에 대해 완전히 자유로울 수 없는 현실을 보여주는 수치다.

또한 전문지 기자들은 업무 분담에서도 취재와 기사 작성 외에도 광고 업무나 구독자 확장 업무 등 영업 부담을 동시에 지고 있는 경우가 많다. 결론적으로 오늘날 한국 사회에서 패션 업계 전문지의 위상이나 영향력이 상당히 낮은 것은 보도와 지도라는 패션 저널리즘 본연의 기능이 광고 기능에 압도당하는 현실에서 나온 것으로 볼 수 있다.

chapter 4

잡지 패션 저널리즘

chapter 4
잡지 패션 저널리즘

　패션 저널리즘은 좁게는 출판물, 즉 신문이나 잡지를 통해서, 넓게는 TV를 포함한 모든 매스미디어를 통해 패션에 관한 모든 정보를 대중에게 전달함으로써 패션이라는 하나의 문화를 대중과 연결해 주는 가교 역할을 한다.

　이 때 잡지 등의 대중 매체를 통한 패션 저널리즘은 자국의 패션 정보를 표현하고 대중에게 전달하며 그로 인한 여러 피드백 작용을 통해 그 나라의 패션 문화를 형성하게 한다.

패션 잡지와 저널리즘

잡지와 저널리즘

　패션(fashion)은 원래 상류 사회 사교계 사람들 사이에서 볼 수 있었던 유행으로, 매너를 포함한 폭넓은 생활 습관에 관한 것이었다. 현대에 와서는 일반적으로 의복과 액세서리의 유행 현상이나 유행하고 있는 의복과 액세서리 그 자체를 의미한다.

　잡지의 정의에 대해서 알아보면, 잡지 연구가 고정기는 "잡지란 일정한 편집 방침 아래 편집자가 여러가지 원고를 수집, 정리, 편집하여 주 이상의 간격으로 정기적으로 발행되는 책자 형태의 출판물이다"라고 하였고, 미국의 저명한 저널리즘 학자인 모트(Mott, F.)는 "잡지란 다양한 읽을거리를 실은, 대체로 정기적으로 간행되는 제본된 팸플릿이다"라고 했다.

매거진(magazine)의 어원이 '창고'이듯이 우리가 읽는 잡지란 기사와 사진 등의 다양한 요소들을 잡지 고유의 특성에 근거하여 한 곳에 모아놓은 것이라는 의미다. 즉, 잡지는 다양한 내용과 시각적 요소를 가지고 정기적으로 간행되는 제책된 간행물이다.

저널리즘(journalism)이란 신문이나 잡지 등의 정기 간행물로 발행되는 직업 활동을 뜻했던 말로, 구체적인 의미에서 보면 시사적 문제에 대한 보도와 논평, 해설 등의 활동이나 이러한 활동 분야만을 지칭하나 오늘날에 와서는 그 범위가 확대되어 모든 매스 커뮤니케이션 활동이나 이러한 분야를 '저널리즘'이라 부른다.

우리가 흔히 쓰고 있는 언론이란 광의의 개념으로 볼 때 일상에서 주고받는 대화로 시작하여 신문, 잡지, 방송, 출판, 영화, 광고에 이르기까지 모든 의사 전달의 수단을 포괄적으로 일컫는다. 신문과 잡지에 실리는 글은 그것이 기자에 의해 쓰여졌든 전문 비평가에 의해서 쓰여졌든 일단은 포괄적으로 저널리즘 내지 저널 비평이란 용어로 묶어 얘기할 수 있다.

잡지는 패션 저널리즘으로서 적합한 여러 특성을 지니고 있다. 우선 잡지는 전국적으로 배포되며 다른 인쇄 매체에 비해 색채 인쇄 효과가 좋아 흑백 인쇄보다 좀 더 주의를 끌 수 있고, 1인당 저비용으로 전국 시장에 도달할 수 있으며 전문신문을 이용하면 최소의 소비 부수로 특정한 독자층에 정보를 전달할 수 있다. 실질적으로 패션 잡지는 타 매체에 비해 패션에 관한 보도와 논평을 효과적으로 수행할 수 있으며 패션에 관한 내용을 소재로 대중의 패션 인식도를 높이는 데 지대한 영향을 미친다. 즉 소비자의 패션 감각을 높이고 유행과 색, 디자인, 분위기 등 특히 강조해야 하는 패션 정보의 정확한 이미지를 충분한 시간과 지면을 통해서 전달할 수 있기 때문에 패션 미디어로서 가장 효율적이라고 할 수 있다.

▶ 패션잡지 |「패션비즈」
1987년 ㈜섬유저널이「텍스저널」이라는 이름으로 창간한 월간 패션 비즈니스 전문지. 1999년 패션 정보 제공 사이트 www.fashionbiz.co.kr 런칭하면서, 2000년「텍스저널」에서「패션비즈」로 제호를 변경하였다.

패션 잡지와 적응 저널리즘

뮐러 듐(Muller Doohm)은 그의 저서『미디어 산업과 민주주의』에서 저널리즘을 사회 변화의 개념을 이용해 연구했다. 여기서 그는 저널리즘의 특성을 '시민 저널리즘'과 '적응 저널리즘'의 두 가지로 설명하였다. 시민 저널리즘이란 봉건적 사회 제도나 절대 국가에 대립하여 자기 주장을 펴고 독재에 항거하며 이성을 관찰하는 형태를 말하며 적응 저널리즘이란 독자(수용자)들의 즉시적인 수용 욕구에 적응하는 상업주의 저널리즘 형태를 말한다.

패션 저널리즘은 다분히 상업주의 저널리즘 형태에 속한다. 패션 잡지는 상업성이 강한 정보 상품으로 사회 환경과 독자의 변화에 민감하게 반응한다. 즉 패션 잡지는 시장의 흐름에 민감하게 반응하며 사회 환경의 변화에 따라 잡지의 형식이나 내용이 그 변화에 적응하는 양상을 보인다. 패션 잡지가 이와 같은 적응 저널리즘의 양상을 보이는 배경을 자세히 알아보자.

첫째, 패션 잡지는 인쇄 매체이지만 신문과는 달리 철저하게 시장 규칙과 논리에 따라 움직인다. 즉 시장의 상황에 따라 제작의 규모를 조절하는데, 발행 때마다 판매와 광고 시장을 예측하고 상황에 따라 발행 부수와 제작비를 유연하게 조절하여 발간한다.

둘째, 패션 잡지는 신문과 마찬가지로 수익 구조에서 판매와 광고의 이중 구조를 가지며, 광고 수익이 판매 수익보다 비중이 훨씬 크다. 왜냐하면 잡지 제작시 종이와 인쇄, 제본비 등의 원가가 판매가와 동일하거나 또는 비싸기도 하므로 판매 자체가 수익을 내지 못하며 대신에 광고주들이 잡지 내 콘텐츠를 구매하도록 하는 광고 영업을 통해 이익을 낸다고 할 수 있다.

셋째, 패션 잡지는 이미지 상품이다. 패션 잡지의 수용자, 즉 독자의 취향이 패션 잡지 구독의 가장 큰 결정 요소가 된다. 패션 잡지가 지향하는 삶의 방법에 동조하는 독자만이 그 잡지를 선택하기 때문이다. 따라서 패션 잡지가 독자에게, 그리고 광고주에게 상품 가치를 인정받기 위해서는 목표 수용자를 결정하고 그들을 위한 패션 정보를 구성하는 것이 중요하다.

이와 같은 이유로 패션 잡지는 독자의 반응과 시장 상황에 민감하게 반응할 수 밖에 없다. 즉 패션 잡지는 항상 시장 상황을 비롯한 시대적 변화나 흐름에 민감하게 반응하며 시기별로 적절하게 적응하여 왔다.

그러면 패션 잡지는 등장부터 적응 저널리즘으로 시작하였던 것일까? 패션 잡지를 여성 잡지의 연장선에서 볼 때 어떻게 여성 잡지가 계몽 저널리즘의 형태에서 적응 저널리즘의 형태로 진행되었는가를 역사적으로 살펴볼 수 있다. 사실, 20세기 초에서 해방 이전까지 초창기 여성 잡지들은 다른 인쇄 매체들과 마찬가지로 개화주의자들에 의해서 국민 계몽의 수단으로 출발하였고 여성의 교육과 교양을 추구하는 계몽지 역할을 주도하였다. 즉 여성의 교육과 여권 신장, 여성의 한글 해독 능력 배양, 남존여비 사상 타파 등에 힘을 쏟았다.

해방 이후 산업사회에 들어서면서 여성 잡지들은 여성의 역할 증대와 다양한 정보 욕구에 부응하는 정보지로 변신하기 시작하였다. 그러나 여전히 여성과 관련된 문화적 가치가 보다 중요했으며 상업적 가치가 대두되기는 했으나 제한적이었다. 소비자들이 원하는 오락 제공 등 긴장 완화에 필요한 메시지를 구성하였고 또한 자극적인 기사나 논평 기사, 정치인의 사생활 폭로 등을 주로 실으면서 현실적인 대중화를 지향하였다.

1987년 6.29선언 이후 기존의 언론 출판 및 집회 결사에 대한 허가 및 검열 제도가 폐지되면서 언론 출판 정책이 기본적으로 자율 경쟁을 보장받게 되었다. 이는 여성 잡지가 적응 저널리즘을 본격적으로 따르게 하는 발판을 만들었고, 따라서 여성 잡지의 양적 팽창과 본격적인 상업 경쟁 시대를 열었다. 1990년대에 들어서면서 라이선스 여성 잡지들이 등장했고 이들이 패션 잡지 시장을 주도하기 시작했다. 「마리끌레르」, 「바자」, 「보그」, 「위드」, 「휘가로」

등 미국 및 프랑스, 일본의 패션 잡지들이 수입되어 발간되었다.

2000년 이후 패션 잡지는 매체를 소비하는 광고주와 독자의 요구에 적응하는 상업주의 저널리즘이 확연히 구현되는 매체로 성장했다. 패션 잡지에는 의류 및 화장품 브랜드 외에 전자 제품 및 건강 관련 제품 등 다양한 분야의 광고가 등장했다. 라이프스타일 관련 기사를 포함한 다양한 아이템이 선정될수록 판매율이 높으며 독자들은 라이프스타일 기사를 적절하게 조화시킨 편집을 선호하는 경향을 보였다.

잡지 패션 저널리즘의 역사

국내 패션 잡지의 역사

우리나라에서 패션 기사가 처음 실린 잡지는 여성지 「여원」이었다. 1955년 9월에 창간된 「여원」은 같은 해 11월호에 새로운 옷의 유행을 소개하는 '모우드'라는 지면을 만들었다. 우리나라 잡지 역사상 처음으로 패션 사진과 해설을 곁들여 기획한 것이었다. 그보다 5년 뒤 「뉴 스타일」, 「뉴 패션」 등의 패션 잡지가 연이어 창간되었으나 오래 가지 못하고 정간되었고, 1968년에 창간된 「의상」은 10여년간 계속되었다.

60년대 이전에는 외국의 패션 잡지가 들어올 수 없는 여건이었으므로 비공식적으로 미국과 일본 잡지가 일부 유입되었다. 더욱이 5.16을 계기로 외국 상품이 통제되었으므로 외국의 패션은 영화에서나 볼 수 있는 정도였다. 「뉴 스타일」과 「뉴 패션」은 그 내용이 업계의 소식지 정도였던데다 그나마 곧 정간되었으므로 1968

년 6월에 발간된 패션 전문 종합지 「의상」이 우리나라 패션 잡지의 본격적인 시작점이라고 할 수 있다. 의상사에서 발행된 월간지 「의상」은 처음에는 「패션」이라는 팸플릿 식의 계간지로 주로 스타일화, 이 달의 모드, 다음 계절의 모드 예보, 제도 등의 내용이 실렸으며 컬러 페이지나 화보는 없었는데, 1년 정도 발행된 뒤에 「의상」으로 제호를 바꾸었다.

▶ 「의상」
1968년 창간되어 1982년 12월 폐간된 우리나라 최초의 패션 전문 종합지다.

「의상」은 초기엔 여성 복식에 관한 기사 및 유능한 국내 디자이너들의 작품을 위시하여 패션 정보와 아이디어, 컬렉션을 소개했다. 디자이너의 창조적인 구상을 일러스트레이션으로 묘사하여 정리한 기사도 여러 해 동안 실렸다. 「의상」이 창간되면서 복식에 대한 교양 및 해외 모드 경향과 컬렉션 뉴스가 많은 지면을 차지하게 되었고 서양 복식의 전파와 보급이 더욱 더 활기를 찾게 되었다. 1974년 이후부터는 편집 기획을 바꾸어 격주간지 「복식플랜」과 패션 정보 잡지인 「패션빌리지」와 전재 계약을 맺고 더 많은 패션 화보와 패션 기사를 게재하여 의류업 종사자들에게 많은 도움을 주었다. 이렇듯 잡지에 국내외의 디자인을 선보임으로써 유행을 만들어 갔고 다양한 유행이 활발하게 소개되면서 패션의 중심은 초기의 맞춤복 형태의 양장업계에서 규모가 큰 기업 위주로 바뀌기 시작하였다.

남성복을 다룬 잡지인 「월간 복장계」는 1973년 발행되어 1974년 정간되었다가 후에 「복장월보」로 제호를 바꾸어 다시 발간되었는데 해외 여성 패션, 스타일화, 패션 정보 등 전체 페이지의 5분의 1을 컬러로 꾸며 내용면에서 보다 충실해졌다.

이외에도 70년대에 존재했던 패션 잡지는 여성복 정보를 제공하는 「복식 디자이너」와 「양장」을 비롯하여 섬유 산업의 동향과 전망, 정보, 소식을 다루는 「월간섬유」, 「봉제계」, 「주간섬유」, 「의류기술」, 「섬유기술」 등이 있었다.

섬유 및 의류업계 종사자를 대상으로 한 패션 전문 종합지 형태로 발간되어 온 「의상」이 통권 147호를 끝으로 1982년 12월 폐간되었고 동아일보사가 1984년 5월 1일 국내 최초로 대중 지향의 패션 교양지인 「월간 멋」을 창간했다. 대중이 친근하게 접근할 수 있는 본격적인 패션지는 「월간 멋」이 처음이었다.

당시 오재경 동아일보 사장은 창간사를 통해 '국민의 생활 향상과 여성의 의식 변화에 발맞추어 현대 여성의 보다 나은 삶에 필요한 건실한 반려자가 될 것'이라고 밝혔다. 즉 급변하는 시대에 맞춰 여성의 몸과 마음을 세련되고 아름답게 가꾸는 데 이바지할 새로운 감각의 패션 교양지로, 생활 수준의 향상으로 보다 나은 삶을 추구하는 여성들의 요구에 부응하겠다는 것이었다. 「월간 멋」은 대부분이 컬러 페이지로 패션과 교양, 생활 정보 등의 내용을 싣고 있었으며 파리의 특선 모드와 같은 해외의 패션 정보를 신속하게 받아들여 전달함으로써 국내 독자에게 실질적인 패션 잡지의 면모를 보여 주었다. 패션뿐만 아니라 뷰티, 리빙, 문화, 엔터테인먼트에 이르기까지 다양한 범위의 기사를 망라하여 패션 전문신문이라기보다 패션 교양지로서 대중적인 패션 잡지의 성격을 띠고 발행되었다. 그러나 1993년 3월호로 무기 휴간된 후 재간되지 않았다.

▶ 「월간 멋」
동아일보사가 창간한 「월간 멋」은 「의상」의 맥을 이어 1984년부터 1993년까지 발행된 대중적인 패션 교양지였다.

1990년대 중후반에 우리나라 잡지계에는 많은 변화가 일어났다. 패션 관련 잡지, 특히 신세대를 대상으로 하는 패션 잡지가 계속 등장했다. 1990년대에 들어와 외국 라이선스 패션지가 5개나 창간되었고 국내 패션지만 해도 실용 패션지, 패션 상품 정보지로 분류할 수 있는 잡지가 10여 개에 이르렀다.

2000년대 이후 패션 잡지는 라이선스 잡지 형식으로 대거 바뀌었고 현재까지 라이선스 잡지들이 국내 패션 잡지 시장을 장악하고 있다. 이는 2000년 이후 본격적인 글로벌화로 인해 패션 잡지의 주요 광고주인 패션 및 뷰티업계의 해외 브랜드 광고비가 증가하면서 이 수혜를 라이선스 잡지들이 우선적으로 받았기 때문이다. 즉 라이선스 잡지들은 해외 브랜드의 안정적인 잡지 광고 계약으로 국내 잡지와 비교해 수익 구조를 탄탄하게 유지할 수 있었다. 또한 1999년 개정된 정기간행물 등록법이 시행되면서 해외 매체사의 국내 직접 투자가 가능해졌고 이러한 이유로 라이선스 잡지는 1990년대 중후반 이후 국내 패션 잡지 시장에서 급격한 점유율 확장을 이루었다.

국내 라이선스 패션 잡지의 역사

1990년대, 국내 패션 잡지 시장에 해외 여성 잡지들이 물밀듯이 들어오기 시작했다. 1987년 7월 1일 새로운 저작권법이 시행된 후 국제 정보 질서의 수립이라는 대명제 아래 외국 출판물은 물론 잡지 등 모든 저작물에 대한 합법적인 이용을 명시한 저작권국제협약(UCC)이 체결된 이후 한국 패션 잡지계에서 과거와 같은 무단 전재의 관습을 유지하기 어렵게 되었기 때문이다.

국내 라이선스 패션 잡지의 시작은 「엘르」 한국판으로, 1992년

11월 한국일보 계열사인 (주)한국종합미디어가 프랑스 출판 그룹인 아쉐트 그룹(Hachete groupe press)의 FEP(France Edition & Publications)와 라이선스 계약을 맺고 월간으로 창간했다.「엘르」는 주로 젊은 여성들을 대상으로 한 프랑스 잡지로, 요리, 인테리어, 봉제, 원예 등의 화보 외에 중산층 주부를 위한 기획 기사나 소설 등도 싣고 있다.

패션의 본 고장이라고 할 수 있는 프랑스의 잡지들은「엘르」를 시작으로 1990년대 초반부터 국내 패션 잡지 시장을 선도했다. 1993년 3월「마리끌레르」가 (주)가야미디어에 의해 주간 패션 잡지로 대중에게 선보였다. 1993년 4월에는 (사)국제패션디자인연구원 계열사인 (주)국제패션문화사가 미국 페어차일드(Fairchild)사와 라이선스 계약을 맺고 월간 패션 잡지「*WWW Korea*」를 국내에서 발간하기 시작했다. 이어 1994년 11월 경향신문사는 프랑스의「마담휘가로」및「휘가로 매거진」과 라이선스 계약을 맺고「휘가로」한국판을 국내에서 창간했다.

그 이후 (주)한국종합미디어가 프랑스 아쉐트사와 라이선스 계약을 맺어 1995년 3월「톱 모델」한국판을 발간하였고 (주)가야미디어는 미국 허스트 코퍼레이션(The Hearst Corporation)사와 라이선스 계약을 맺고 1995년 10월 남성 패션 잡지「에스콰이어」한국판을 창간했다. 1996년 8월 패션 잡지「하퍼스 바자」에 이어「보그」가 (주)두산동아와 영국 콘데 나스트(Conde Nast)사와의 계약 아래 국내에 소개되었다. 같은 해 7월 일본 패션 잡지인「위드」가 (주)웅진출판에 의해 일본 고단샤(Kodansha)와 라이선스 계약을 맺고 국내에 소개되기도 했다.

이렇듯 1990년대 중반 이후 국내 패션 잡지 시장은 라이선스 패션 잡지의 양적 팽창이 두드러졌고 이는 지금까지 라이선스 패션 잡지가 국내 패션 잡지 시장에서 다수를 이루는 양상으로 이어지고 있다.

잡지 패션 저널리즘의 특성

프랑스의 미학자 롤랑 바르뜨는 그의 저서 『모드의 체계 *Le systeme de la mode*』에서 현대 패션 잡지에 묘사되고 있는 여성 의복에 대한 구조를 분석하여 기호학적인 해석을 했다. 그는 여기서 의복을 이미지 의복, 기록된 의복, 실제의 의복으로 구분하였다. 즉 유행의 소멸과 생성은 '기록된 의복'이 더욱 큰 역할을 한다고 하였고, 패션 잡지에서 나타나는 담론 및 패션 기사와 밀접한 관계가 있는 것이 바로 이 '기록된 의복'이라고 하였다.

패션 잡지의 내용

패션 잡지의 내용은 크게 문자 정보에 의한 언어적 요소와 시각 정보에 의한 비언어적 요소로 구분할 수 있다. 즉 대개 패션 기사와 패션 화보로 나타난다. 따라서 패션 잡지의 대략적 구성은 패션 화보에 의한 시각 정보 전달, 패션 기사에 의한 문자 정보 전달로 이루어진다고 할 수 있다. 여기서 패션 화보, 즉 시각적인 정보인 화보는 매우 중요하다. 왜냐하면 시각적 정보인 화보를 통해서 패션 잡지만이 가지는 특수성을 나타낼 수 있으며 개성 있는 스타일을 제공하기 때문이다.

바르뜨가 말하는 '이미지 의복'이란 패션 잡지에서 시각적 정보를 전달하는 패션 화보와 광고를 말하며, '기록된 의복'은 패션에 관한 여러 현상들이 언어로 변환되고 편집자의 편집 콘셉트에 의해 해석·표현되는 패션 기사를 말한다.

패션 기사는 일반적으로 스타일(style), 아이템(item), 쇼핑(shopping), 트렌드(trend), 사람(people), 이슈(issue), 컬렉션(collection), 브랜드(brand), 뉴스(news) 등의 9가지 주제어로 나눌 수 있다. 여기서 쇼핑이나 트렌드, 사람, 이슈, 브랜드, 뉴스 등은 언어로써 설명하기에 적합하므로 '기록된 의복'의 한 형태가 될 수 있을 것이다. 롤랑 바르뜨가 말하는 '기록된 의복'은 현상을 있는 그대로 표현한 것을 의미하기보다는 기호학적 관점에 근거하여 해석하는 것이다. 즉 한 가지로만 표현되는 것이 아니라 서술하는 주체에 따라 그 해석이 달라질 수 있다.

다시 말하면 '기록된 의복'은 서술하는 주체에 따라 그 해석이 달라질 수 있으므로 패션 기사에는 논평이 나타난다. 이러한 패션 현상에 관한 논평 성격의 기사들은 보는 이로 하여금 패션에 대한 관점을 풍부하게 해줄 수 있어 잡지의 수준을 가늠하게 해주기도 한다.

그런데 패션 잡지라고 해서 패션 기사만 싣는 것은 아니다. 전체 기사 분량 중에서 가장 많은 비중을 차지하는 것이 패션 관련 기사이지만 다른 기사도 싣는다. 즉 패션 기사 외에 뷰티(미용, 헬스) 기사, 피처(인터뷰, 문화, 리포트, 컬럼 등) 기사 등이 있다. 어떤 종류의 기사를 부각시키느냐에 따라 잡지의 개성이 달라진다.

패션 화보는 에디터, 사진작가, 스타일리스트, 모델, 헤어 및 메이크업 아티스트 등의 스태프에 의해 기획된 주제에 따라 다양하게 연출된 사진을 말한다. 각 사진마다 제목과 캡션의 언어적 요소가 사진과 조화되도록 하는 편집과 디자인 또한 중요시된다. 화보는 패션 잡지만의 특수성과 차별성을 위한 시각적 내용을 다루기 때문에 독자에게 미치는 영향이 구체적이고도 감각적이다.

패션 잡지에서 기획에 의해 의도된 패션 화보 못지 않게 중요한 시각 자료는 광고다. 패션 상품의 광고에서는 상표 이미지가 중요시되는데, 이는 의류가 상징적인 표현성이 강한 제품이기 때문이다. 즉 의복이 개인의 인적 사항을 상징적으로 표현하고 개성을 표현하는 수단으로 사용되기 때문에 상표의 이미지를 통한 상징적 표현이 많이 이루어진다.

2000년 이후 패션 잡지의 기사 내용은 패션과 뷰티 위주의 기사에서 벗어나기 시작하였다. 즉 여성들이 경험하는 일상 생활 전반에 대한 내용으로 확장되기 시작한 것이다. 패션 잡지의 편집자들은 이런 기사 내용의 확장에 대해 독자들의 삶이 이전처럼 단순하지 않으며 능동적이고 다이나믹해졌기 때문이라고 말한다. 즉 현재 여성들은 자기 표현 수단을 패션은 물론 헤어스타일, 스킨케어, 메이크업, 피트니스(fitness), 헬스, 커리어(career), 인간관계, 문화적인 부분까지 그 수단을 확장하고 있고 소비 수준 역시 높아져서 보는 것에서 만족하지 않고 직접 구입하고 체험까지 할 수 있는 수준의 기사 내용을 요구하고 있기 때문이다. 이러한 여성들의 요구, 즉 자신의 취향에 따라 원하는 삶의 방식을 선택하려는 여성들의 요구는 패션 잡지의 편집 방향에 영향을 주고 있다.

일반 잡지와 패션 잡지와의 차이점

패션 잡지의 언어적 요소는 일반 잡지와 동일하게 문자를 통해 얻어지는 지적 욕구 충족과 관련된 부분이며 보도 기사와 해설 기사, 르포, 논평, 가십, 칼럼 등의 형태로 독자에게 전달된다.

　패션 잡지의 비언어적 요소 중 사진 기사는 패션 잡지에 있어서 비언어적인 요소의 대표적인 예이며, 이는 제작자의 주장이나 강요 없이 독자 스스로의 선택으로 취해질 수 있고 독자는 아무런 저항감 없이 선택된 사진 기사 내용에 심취할 수 있다는 광고의 특성과 같다.

● 국내 여성 잡지의 현황

분야	잡지	주요독자
여성종합	주부생활, 우먼센스, 여성조선, 여성동아, 여성중앙21, 레이디경향, 퀸, 레몬트리	기혼여성
생활·인테리어	행복이 가득한 집, 리빙센스, 메종, 까사 리빙	인테리어에 관심 있는 주부
패션·뷰티	보그, 엘르, 마리끌레르, 하퍼스바자, 파르베, 로피시엘, 코스모폴리탄, 더 스타일, 슈어, 인스타일, 얼루어	패션에 관심 있는 학생·여성
영 패션·뷰티	보그걸, 신디더퍼키, 에꼴, 쎄씨, 엘르걸	패션에 관심 있는 학생·젊은 여성
웨딩	마이웨딩, 웨딩21, 오뜨웨딩(계간), 웨딩라인(계간)	예비신부, 뷰티숍 운영자
육아	베스트베이비, 맘앤앙팡, 베이비, 앙쥬	0~3세 아이의 엄마
미용	뷰티패션, 에스테티카(계간)	뷰티숍 운영자·일반
요리	쿠켄	주부, 요리에 관심 있는 여성

패션 잡지의 시각적 정보인 사진 기사는 의도된 이미지의 전달로서, 생생한 느낌을 전달하기 위한 일반 잡지의 화보와는 다른 것이다. 또한 패션 잡지만이 갖는 이러한 특수성은 사진 기사라는 매개체가 독자에게 주는 영향력에서 찾을 수 있으며 사진 기사를 통해서 독자는 구체적이고 감각적인 정보를 얻게 된다. 결국 패션 잡지의 특징적인 요소는 타 잡지와의 비교에서 찾을 수 있으며 그것은 사진 기사를 통한 시각적 정보의 제공으로 압축할 수 있다. 실제로 패션 잡지는 타 잡지와 달리 화보를 통한 직접적인 설득 커뮤니케이션으로서 그 특유의 기능을 수행하고 있으며 그 결과 독자는 문자 정보에서 얻지 못하는 감각적인 시각 정보를 얻을 수 있다. 이러한 감각적 정보 제공이야말로 패션 잡지의 사진 기사가 갖는 특성이라 할 수 있다.

다음의 표는 패션 잡지 사진 기사의 특성을 잘 보여주고 있다.

● 패션 잡지에서의 사진 기사가 갖는 특성

특성	기능
설득 커뮤니케이션 기능	기사의 보조 수단이 아닌 주체적인 목적을 가지고 지면을 구성한다.
	수용 형태
	제작자의 주장이나 강요 없이 독자 스스로의 선택으로만 취해질 수 있으며 독자는 아무런 저항감 없이 선택된 사진기사 내용에 심취할 수 있다.
특성	기능
교육의 기능	감동적인 사진 기사는 비평 기사만큼의 힘이 있으며 이러한 감각적 충격은 독자에게 직접적인 설득 효과를 낳는다.

특성	기능
교육의 기능	수용 형태
	화보를 통해 문화적인 충격을 받는 독자는 이러한 자극을 기초로 창조적인 자기 연출법을 시도할 수 있으며 다양한 문화 수용에 대한 긍정적인 자세를 가질 수 있다.
특성	기능
지적 커뮤니케이션 및 PR효과의 창출	사진 기사에 실린 의상, 소품에 대한 간략한 특징 및 가격 등에 대한 정보를 전달한다.
	수용 형태
	독자에게 구체적인 상품 정보 전달 및 브랜드를 간접적으로 홍보한다.
특성	기능
오락 기능	사진 기사는 잘 찍힌 작품 사진과 같은 감동을 줄 수 있다.
	수용 형태
	패션 잡지에 대한 독자의 욕구 충족에 이상적인 형태다.
특성	기능
대리적기능	패션 잡지의 모델은 매개체이며 이미지의 극대 효과를 통해 연출 의도를 효과적으로 알려주는 정보가 된다.
	수용 형태
	독자는 모델의 이미지에서 감각을 습득할 수 있으며 평면성이 아닌 대리 행위자의 체험을 통해 의상의 특징적 정보를 좀더 파악할 수 있다.

이러한 특징으로 인해 패션 잡지는 소비자의 패션 감각을 높이고, 유행, 색, 디자인이나 분위기를 강조해야 하는 패션 정보의 정확한 이미지를 충분한 시간과 지면을 통해서 전달한다. 이와 더불어 패션 잡지는 독자의 구매력이 크고 교육 수준이 높아서 정보 제

공 매체로서 적합하다.

또한 패션 잡지의 기사와 신문의 기사를 비교해보면 같은 패션 기사라 하더라도 신문은 일반 독자를 대상으로 하여 시각적인 흥미를 이끄는 부드러운 필치의 가벼운 읽을거리 형태의 기사로 구성되는 데 비해 잡지는 신문보다 전문적이며 심층적인 보도를 하고 있다.

마지막으로, 패션 기사의 내용은 잡지의 성격에 따라 다소 차이가 있다. 의상 및 패션지 중 특히 라이선스지는 일반 여성지보다 좀더 전문적이고 혁신적인 패션을 다루고 일반 여성지는 일반 여성을 대상으로 하여 실용적인 패션 정보 제공에 중점을 두고 있다.

■ **미국의 「보그 *Vogue*」를 통해서 본 패션 저널리즘의 특성**

첫째, 자국의 패션 문화를 대변하는 자국의 브랜드와 디자이너가 기사, 화보, 광고에서 골고루 높은 비중으로 나타나며, 자국의 패션에 대한 긍지를 담은 사례를 많이 찾아볼 수 있다. 미국의 활동적이고 자유로운 특성을 보여주는 아메리칸 캐주얼(american casual), 영국의 귀족풍에 기반을 둔 아메리칸 클래식(american classic), 자유주의적 페미니즘에 기반을 둔 아메리칸 페미니즘(american feminism), 다문화가 공존하는 미국 사회의 특징을 드러내는 믹스트 컬쳐(mixed culture)의 네 가지 이미지를 주로 나타내고 있다.

둘째, 소위 글로벌 브랜드로 볼 수 있는 브랜드 및 디자이너에 대한 소개가 꾸준하여 패션 업계가 점점 더 세계화되고 거대해지고 있음을 알 수 있다. 즉 패션계의 글로벌 현상을 더욱 심화시키고 있다.

셋째, 최근 해설 기능이 더욱 높아져 패션 현상에 관한 사실적이고 단순한 보도보다는 다양한 관점과 담론이 형성될 수 있는 분위기가 조성되고 있다. 이는 업계와 대중 모두가 패션을 다각도에서 바라보게 함으로써 발전에 좋은 영향을 끼칠 수 있도록 기능하고 있음을 알 수 있다.

잡지 패션 저널리즘의 기능

저널리즘의 기능이란 광범위하게는 현대 사회 내부에 존재하는 다양한 매스미디어의 기능이라고 할 수 있다. 현대 사회에서 문화의 전수 기능은 매스미디어를 중심으로 행해지고 있고 매스미디어는 문화라는 정보 토대가 창출, 분배, 공유되는 과정이라고 할 수 있다. 패션 잡지 역시 매체의 정보 전달이라는 기능을 통하여 패션 문화라는 커다란 흐름을 창조, 전개, 확산시키는 일련의 과정이라 할 수 있다.

그러면 잡지 패션 저널리즘의 기능을 거시적 관점에서 매스 커뮤니케이션의 5가지 기능 즉, (1) 환경 감시 기능, (2) 환경 해설 기능, (3) 사회 결합 기능, (4) 문화 전수 기능, (5) 오락 기능과 연결시켜 살펴보자.

일반적인 매스 커뮤니케이션 기능이 패션 잡지에서 어떻게 나타나는지를 표로 정리하면 다음과 같다.

● 패션 잡지에 나타난 매스 커뮤니케이션의 기능

기능	설명	구분	내용
환경 감시 기능	다양한 정보를 수집·정리하여 독자에게 효과적으로 전달하는 기능	방법	패션 트렌드, 뉴스, 인물, 패션 아이템 등을 구체적인 설명으로 기사화하여 독자의 지적 욕구를 충족
		효용	지적 커뮤니케이션 작용 촉진
		내용 분류	패션기사 (보도, 사진 기사 포함) ex) 사실적 컬렉션 사진, 신규 아이템 소개, 시상식 배우 사진
환경 해설 기능	사회환경에 대해 저널리즘으로서의 비판적 정보를 제공하는 기능	방법	패션 환경에 대한 전문적인 평가를 통하여 패션 현상에 대한 비판적 정보 제공
		효용	간접적 설득 커뮤니케이션
		내용 분류	패션 기사(논평, 기록된 의복) ex) 패션 트렌드에 대한 평가, 컬렉션 분석
사회 결합 기능	직접적으로 무관한 사회 구성원을 결합하여 주는 기능	방법	시각적 자료를 통한 독자간의 공감대 형성 및 패션 생산자와 소비자의 연결
		효용	직접적 설득 케뮤니케이션
		내용 분류	

잡지 패션 저널리즘

			패션 화보, 패션 광고 ex) 패션 화보에 제시된 스타일링 모방, 게재된 광고의 패션 아이템 구매
문화 전수 기능	세대간 문화 유산의 전수(협의). 지식, 기술, 가치관 등의 모든 사회적 유산의 전수·전파 기능(광의)	방법	
			각 시대·사회의 고유한 패션 발전상과 특성의 전수
		효용	
			각 사회의 패션 정체성을 반영
		내용 분류	
			패션 화보 ex) 패션 트렌드(주기)의 변화 탐색, 복식사 연구의 자료 제공
오락 기능	대중에게 즐거움을 제공. 여가선용의 기능. 고급문화의 대중화	방법	
			어려운 지적 활동을 요구하지 않고 여가 선용에 도움을 줌
		효용	
			패션 관련 문화의 소개를 통한 앎의 즐거움 및 영감 제공
		내용 분류	
			패션 기사, 화보, 패션 광고 ex) 유명 연예인의 의상 소개, 예술과 자연 등의 타 문화 소개

위의 기능들은 잡지가 사회 기관의 한 부분이며 더불어 사회적 책임과 영향력을 가지고 있음을 보여준다. 대체로 독자가 많은 잡지일수록 더 큰 사회적 영향력을 갖게 되고 그만큼 무거운 사회적 책임을 지게 되는데 패션 잡지의 사회적 책임도 이러한 영향력에

근거하여 발생하며 직간접의 설득적 기능을 통해 독자의 대부분은 영향을 받게 된다. 더욱이 패션 잡지는 패션 문화 분야에서 여론을 형성하고 선도하는 사회적 책임을 갖고 있으므로 편파적이거나 왜곡되지 않은 시각에서 사실 보도가 이루어져야 한다. 또한 독자에게 도움이 되는 진실한 광고의 제공과 대중의 관심사를 전문가적 견해에서 합리적으로 전달하는 해설 보도 및 패션 산업 발전에 기여할 수 있는 비평을 통해 패션 대중들을 이끌고 선도하는 역할을 수행해야 한다.

패션 잡지의 유형

패션 잡지는 패션 및 메이크업 등 여성의 외모를 고양시키는 데 초점을 두고 있는 잡지로 인식되어 왔는데, 근래에 패션 잡지들은 생활 전반의 스타일을 고양시키는 식으로 영역을 확장시키고 있다.

◉ 국내 의상·패션지의 분류

구분	잡지명
	여성
라이선스 잡지	마리끌레르, 엘르, 보그, 코스모폴리탄, 바자, GQ, 맥심
실용 패션지	쎄씨, 에꼴
패션 유관지	한국수퍼모델, 모델컴퍼니, 모델가이드, 한복의 사계, 아름다운 우리옷
패션 상품 정보지	오뜨, 노블레스, MM,
사보	유 앤드 아이, 멋을 아는 사람들, 유림

외모는 물론, 사회 관계, 생활 주변, 여가 시간 등 해당 독자의 관심 분야를 전반적으로 다루며 스타일 있는 삶을 영위하는 데 도움이 되는 것들을 제안하는 형태, 즉 라이프스타일 콘텐츠 형태로 변화하고 있다.

국내에서 발간되고 있는 패션 잡지를 성격에 따라 다음 5가지로 크게 대별할 수 있다.

- **라이선스 잡지** ㅣ 국내에서 출간되고 있는 라이선스지의 성격을 살펴보면, 패션 경향에 대한 정보를 제공하거나 해외 유명 상품을 소개하는 경우가 많다. 세계의 최신 패션 정보를 즉각적으로 다룰 수 있는 국내 패션 정보지가 없는 현실을 감안할 때 긍정적 우위성을 갖는다고 볼 수 있다.
- **실용 패션지** ㅣ 기존의 여성지는 패션 화보가 이미지 중심으로 전개된 것이 많은데 비해 실용 패션지는 생활 코디네이션을 표현하는 것으로 실질적인 착용 방법, 체형의 커버와 구입을 위한 정보를 제공한다. 즉 실용적 정보를 취급하며 주로 캐주얼 의상을 다루고 있다. 실용 패션지란 외국 라이선스지에 상응한 국내 패션지를 의미한다. 의상·패션지의 새로운 형태로서 외국 라이선스지가 세계적인 패션 정보를 주로 제공한다면 실용 패션지는 그 흐름에 맞추어 국내 제품으로 코디네이션하여 착용하는 방법을 가르쳐 주는 실용적인 잡지다.
- **패션 유관지** ㅣ 패션과 관련이 있는 단체나 사업체 등에서 패션과 관련된 소재들을 소개하면서 여기에 패션 기사 내용을 첨가하는 형태의 잡지이다. 대체로 모델이나 전통 복식을 주제로 하며 여기에 패션을 가미하고 있다.

- **패션 상품 정보지** | 1990년대 이후 늘기 시작한 해외 수입 상품에 대한 독자들의 호기심을 충족시켜 주는 한편 상품 소개를 겸한 광고 성격이 강한 새로운 형식의 잡지다. 패션 상품지에 해당되는 「오뜨」는 1994년 10월 창간되었으며 패션 기사가 38% 정도이고 특급 호텔이나 백화점에서 특별 회원에 대한 서비스의 일환으로 일괄 구입 배포한다. 1990년 9월에 창간된 「노블레스」는 광고나 기사의 구분이 어렵게 편집되어 있으며 광고주가 제공하는 상품 정보 기사가 많고 판매는 우편으로 이루어진다. MM은 이탈리아 막스마라(Max Mara)에서 출간되는 패션지이며, 1995년 국내에 라이선스지로 도입되었다. 연 2회 발간되며 기사를 최소화하는 대신 화보를 중심으로 구성되며 이탈리아판 원본을 그대로 번역하여 출판한다. 화보와 광고는 모두 막스마라 제품이다.
- **사보** | 비매품으로 사외보의 성격을 겸한 패션 잡지이다. LG패션의 전신인 반도패션의 「유 앤드 아이」, 제일모직의 「멋을 아는 사람들」, 유림패션의 「유림」 등이 있었다. 자사 제품의 홍

▶ 사보 사례 | 제일모직의 「멋을 아는 사람들」, 반도패션의 「유 앤드 아이」

보도 겸한 잡지로 패션 기사가 많으며 일반 패션지에 못지 않게 코디네이션이나 미용에 지면을 많이 할애하고 있다.

이외에 패션 잡지는 하이패션(high fashion) 잡지와 영패션(young fashion) 잡지로 대별하기도 한다. 하이패션 잡지란 20대 중반 이상 경제력이 있는 여성 독자들을 대상으로 고가의 하이 패션 브랜드와 뷰티 브랜드들의 상품을 소개하는 잡지를 말하며,「엘르」나「보그」등 라이선스 잡지들이 여기에 속한다. 이에 반해 영패션 잡지란 20대 초반 여성 독자를 대상으로 캐주얼 브랜드들을 등장시키는 패션 잡지들로「쎄씨」,「에꼴」등을 말한다. 국내 패션 잡지 시장에서는 일반적으로 하이패션 잡지를 라이선스 잡지로, 영패션 잡지를 국내 패션 잡지로 인식하는 경향이 있다.

라이선스 패션 잡지

라이선스(license)는 허가, 면허의 일반적인 뜻 외에 타인 소유의 특허를 사용하는 법적 권리를 가리키는 단어다. 일반적으로 라이선스 패션 잡지라 하면 외국에서 발간되는 잡지의 제호나 기사 내용을 계약을 통해 빌려 국내에 발간하는 형식의 잡지를 말한다. 계약 내용에 따라 원래 잡지의 형식과 내용을 어느 정도까지 빌려올 수 있는지가 정해지며 이에 따라 라이선스 비용이 지불된다.

라이선스 패션 잡지는 외국 잡지들의 앞선 제작 기술과 풍부한 잡지 경영 노하우를 바탕으로 외국의 패션 정보 전달과 다양한 유행 변화를 시각적 요소 위주로 제시하면서 정기적으로 발행되고 있다. 국내에서 발행되는 라이선스 패션 잡지의 편집은 본사의 편집 방침을 따르고 있지만 대부분의 경우 기사 선택에 있어서는 자율권이 주어져 있다. 대부분의 라이선지 잡지들은 각기 다른 계약 조건과 성격을 가지고 있어 국내에서 발행되는 라이선스 패션 잡지의 특성에 대한 공통점을 찾기는 다소 무리가 있다.

국내의 5대 라이선스 패션 잡지를 알아보자

- **마리끌레르** | 프랑스에서 9개의 잡지를 소유하고 있는 마리끌레르 그룹은 1954년, 여성들의 다양한 관심 분야를 다루고 있는 여성 월간지 *Marie claire*를 창간하였다. 현재 영국, 일본, 독일, 스페인, 홍콩, 싱가포르 등 세계 26개국에서 발행되고 있으며 내용면에서는 일상의 데일리 라이프에서 세계 각국의 여성들과 호흡할 수 있는 월드 리포트까지 다양한 기사를 선보이고 있다. 패션, 미용, 요리, 인테리어, 교양 등을 수록하여 여성들의 교양 함양에 기여하는 것을 특징으로 한다.
- **바자** | 1867년 *Harper's Bazaar*라는 제호로 창간된 미국 최초의 패션지로, 온갖 진기한 물건들이 가득한 시장(bazar)이란 의미를 지녔다. 미국 허스트사에서 130년이 넘는 세월 동안 발행해 오고 있으며 트렌드로서의 패션 및 독자의 취향과 개성, 그리고 스타일을 지향하고 있다. 패션 뷰티에 관한 전문 정보라는 잡지의 성격에 맞춰 라이프스타일로서의 패션을 제시함으로써 독자들을 염두에 두고 의식주, 아트, 문화 전반에 걸친 다양한 기사와 화보들을 제공하고 있다.
- **보그** | 1892년 뉴욕 사교계의 명사였던 콘데 나스트(Conde Nast)는 상류 사회의 품위와 우아함에 맞는 패션 문화 매거진을

구상하였고 그 이름을 *Vogue*, 즉 유행이라고 하였다. 패션 전문지인 잡지 성격에 맞추어 '우아함과 여성으로서의 품위를 지키자'를 모토로 100년 이상의 전통을 지켜오고 있다.

- **엘르** ㅣ 1945년 프랑스 파리에서 창간된 젊은 세대를 위한 잡지로서 독자가 선호하는 컬러와 유행의 흐름 예측, 국제적 추세 파악을 기본 콘셉트로 하고 있다.

▶ 대표적인 라이선스 패션 잡지 ㅣ 마리끌레르, 바자, 보그, 엘르

패션 잡지 화보의 스타일링

패션 잡지의 화보에서 나타난 스타일링 연출 사례를 살펴보자.

우선 패션 잡지 화보의 주제는 룩, 컬러, 패션 소품, 내용 전개, 패션 아이템, 소재, 패턴, 실루엣, 디테일, 사진 기술, 모델, 계절감 등에 의해서 기획된다. 이러한 주제는 단독으로 기획되기보다는 두세 가지의 주제가 결합되어 다루어진다. 대체로 룩에 따른 스타일링이 가장 많이 화보의 주제로 기획되며, 아이템, 컬러, 패션 소품, 사진 기술, 패턴, 소재, 모델, 디테일, 실루엣 등은 룩과 공동 주제로 연출되는 경우가 많다.

또한 패션 잡지의 화보는 트렌드에 근거하여 기획되고 연출된다. 한 시즌을 앞서 트렌드를 제시하는 패션 관련 단체의 자료에 비해 잡지 화보는 트렌드 제시는 물론 수용 과정까지도 반영되는 종합적 표본으로 규정지을 수 있다.

트렌드는 같은 화보 안에서 믹스되고 새롭게 접목되어 또 다른 트렌드를 창출한다. 트렌드의 흐름이 투영된 화보의 연출은 패션을 리드해 나가는 전문가적 입장에서 시도되므로 새롭고 신선하며 때론 파격적인 믹스 앤 매치 스타일링으로 선보여진다.

화보에서 보인 스타일링은 비단 옷과 소품뿐 아니라 사진의 기술적인 부분에 의해 더욱 강조되고 있다. 특히 헤어와 메이크업은 트렌드를 전달하는 한 요소로서 스타일링의 중요한 부분으로 자리잡고 있다.

패션 트렌드는 스타일링의 요소와 연출 전개 방법 전반에 걸쳐 영향을 미치며 객관적인 평가 기준으로 작용한다. 패션을 연출할 때는 모델의 이미지가 고려되어야 하는데 체형은 개별적인 변화

요인으로 작용하며 TPO(Time, Place, Occasion)에 따른 라이프스타일을 배경으로 한다. 따라서 패션 스타일링은 사회적 요인으로는 유행, 개인적 요인으로는 체형, 헤어와 메이크업, 선호도, TPO에 따른 라이프스타일에 의해 최종적으로 평가가 이루어진다.

사람은 누구나 옷을 입고 때로 소품을 착용하며 근래에 들어서는 여성은 물론 남성도 헤어스타일을 가꾸고 화장을 하기도 한다. 그러나 단순히 '옷을 입는다'는 차원에서 벗어나 의도에 따라 연출하여 입는다는 개념이 진정한 의미의 패션 스타일링이며 일반인들은 화보를 통해 정보를 얻은 다음 개성 창출을 위해 선택적으로 수용한다.

▶ 국내 영패션 잡지 ㅣ 유행통신, 신디더퍼키, 쎄씨, 에꼴

패션 잡지의 현황과 문제점

패션 잡지의 양적 증가와 전문성 부족

우리나라의 유일한 패션지였던 월간 「멋」이 1993년 3월호를 끝으로 휴간에 들어가면서 1990년대 초반까지만 해도 패션 잡지라 분류할 수 있는 여성 잡지는 거의 존재하지 않았다. 그러나 잡지 시장이 활성화되면서 여성 잡지가 다양해졌고 패션을 주요 기사 내용으로 싣는 여성 잡지의 카테고리가 생겨났으며 이 때부터 패션 잡지의 창간이나 라이선스 패션 잡지의 발간이 두드러지게 증가하기 시작했다.

더욱이 '패션 저널리즘'이라는 용어가 우리의 일상 생활에서 자리잡은지 얼마 되지 않은 상태에서 라이프스타일이 복잡해지고 특히 패션에 대한 대중의 관심이 높아지면서 패션 잡지들이 양적으로 확장되기 시작하였다. 뿐만 아니라 패션 대중들은 패션에 대한 정보를 다양한 매체들을 통해서 접하게 되었다. 즉 패션 전문 정보에 관련된 기사거리를 다루는 패션 전문 잡지 외에 패션 전문 업종에 종사하는 전문가의 인터뷰나 방송(TV나 라디오 등), 홈쇼핑의 쇼 호스트, 인터넷 쇼핑몰 들에서 다루고 있는 정보들을 통해서 쉽게 접하게 된 것이다.

그러나 패션 정보 전달 매체의 양적 팽창은 그다지 바람직하지만은 않다. 오히려 부정확한 패션 정보들은 패션 대중의 삶의 질 향상에 도움이 되지 못하며 또한 비전문가가 잘못 인식하거나 분석한 정보를 역시 비전문가인 대중에게 전달한 경우, 대중들은 패션 정보를 잘못 활용할 가능성이 크다.

이러한 측면에서 정확한 해석과 정보 전달을 할 수 있는 전문 인력의 개발이 시급한 과제다. 이미 영국과 같은 유럽 패션 선진국에서는 오래 전부터 패션 저널리즘이 저널리즘의 한 분야로 정착되었고 10년 전부터는 의상디자인학과에 패션 저널리즘 전공 프로그램이 설정되어 신문이나 잡지 등 저널리즘에 종사하는 패션 저널리스트를 배출하는 데 큰 몫을 담당하고 있다. 그러나 우리나라의 경우 패션 저널리즘에 대한 인식은 겨우 걸음마를 뗀 상태로 관련 대학이나 학과에서 패션 저널리스트의 배출은 아직 본격화되지 않고 있다.

1990년대 중반 이후 패션 잡지의 양적 증가는 이어졌지만 전문적인 패션 저널리스트의 증가는 아직 이루어지지 않고 있으므로 향후 국내 패션 잡지계의 발전이나 패션 산업의 발전을 위해서는 전문가의 양성과 배출이 매우 시급하다.

라이선스 패션 잡지의 확장과 글로벌화

1990년대 중반 이후 여성 잡지계의 가장 큰 변화는 해외 매체사의 라이선스 잡지들이 국내에 마구 들어오기 시작했다는 것이다. 이는 한국 사회에 불어 닥친 개방화, 탈규제화, 글로벌화의 열풍이 미디어 시장 환경에까지 영향을 미쳤기 때문이다. 일반 대중들은 인터넷과 TV 등의 대중 매체를 통해서, 그리고 해외 여행과 수입 자유화를 통해서 전세계에 통용되고 있는 대중 문화와 상품 브랜드들을 알기 시작하였고 세계 유명 브랜드들 역시 아시아의 이머징 마켓인 한국에 속속 진입하기 시작하였다. 이중 고급 소비재인 패션과 화장품의 글로벌 브랜드들이 국내에 진입하면서 글로벌 패션 브랜드들은 자신들의 브랜드와 상품을 홍보하고 광고할 적합한 매체로서 패션 잡지들을 찾기 시작하였고 이러한 상황에 맞추어

라이선스 패션 잡지들이 하나 둘 창간되기 시작하였다.

출판 대국이자 패션 선진국인 미국의 경우, 1830년대 초부터 패션 잡지가 발간되기 시작하여 19세기 말 *Vogue*와 *Harper's Bazzar*를 시작으로 *Vanity Fair*, *W*, *GQ* 등의 잡지들이 전세계에서 라이선스로 발간되며 영향력을 과시하고 있다. 창조적인 편집 디자이너와 패션 비평가들은 미국의 패션 저널리즘의 발전뿐만 아니라 전세계의 잡지 디자인 및 편집 방식에도 지대한 영향을 끼쳤다. 또한 미국은 자국의 패션 문화로 대변되는 자국의 브랜드 패션 잡지를 세계화하는 동시에 글로벌 광고주, 즉 글로벌 패션 브랜드들의 브랜드와 상품을 광고하면서 자국의 패션 문화를 세계화시키고 있다.

이러한 글로벌화로 인해 국내에서도 1990년대 중반 패션 잡지는 라이선스 잡지 형식으로 대거 바뀌었고 현재까지 라이선스 잡지들이 시장을 장악하고 있다. 이는 2000년 이후 본격적인 글로벌화로 인해 패션 잡지의 주요 광고주라 할 수 있는 패션, 뷰티 업계의 해외 브랜드 광고비가 증가하였고 이 수혜를 라이선스 잡지들이 우선적으로 받았기 때문이다. 라이선스 잡지들은 해외 브랜드의 안정적인 광고 계약으로 국내 잡지와 비교해 수익 구조가 탄탄하게 유지될 수 있었고 이는 국내 라이선스 잡지의 확장으로 이어졌다.

국내 패션 잡지의 차별화 요구와 향후 전망

우리나라의 유일한 패션지였던 월간 「멋」은 1993년 3월호를 끝으로 휴간에 들어갔다. 휴간 이유는 광고 수입 부족에 있었다고 한다. 이러한 어처구니 없는 상황에서 라이선스 패션 잡지는 국내 패

션 잡지계를 장악하기 시작하였다. 이에 맞서 국내 패션 잡지계에
서는 영패션 잡지 부문에서 「쎄씨」를 비롯한 다양한 잡지들을 등
장시키면서 상대적으로 적은 자본과 규모로 맞서고 있지만 역부족
인 듯 보인다. 그러나 틈새는 있다. IMF 이후 패션 잡지 시장이 어
느 정도 자리를 잡으면서 국내 패션 잡지들은 하이패션 잡지로 규
정되는 라이선스 패션 잡지에 대응하여 자신들을 영패션 잡지로
차별화하기 시작하였다. 국내 패션 잡지로 지난 10년간 영패션 잡
지의 선두 자리를 지켜온 「쎄씨」의 편집장으로부터 향후 국내 패
션 잡지의 미래에 대하여 들어보자.

> "지난 5년 동안 이미 독자들은 충분히 라이선스 잡지를 경험하였
> 다. 이제 호기심이 아닌 자신의 실제 생활과 관련된 현실적인 내용의
> 기사가 담긴 잡지를 선택할 때가 된 것이다. 결국 실용적인 내용이
> 우세하지 않을까. 구입 가격에 비해 원하는 정보가 많은 잡지를 선택
> 하게 될 것이다. 로컬 잡지와 라이선스 잡지의 어쩔 수 없는 차이라
> 고 여겨졌던 해외 트렌드 기사도 싣고 있는 마당에 더 이상 로컬 잡
> 지가 밀릴 이유는 없다고 생각한다. 게다가 글로벌 매체사의 승인을
> 받아야 편집 방향을 바꿀 수 있는 라이선스 잡지에 비해 로컬 잡지는
> 시장의 변화에 따라 쉽게 기사의 편집 방향을 조절할 수 있는 순발력
> 이 있어 매체 환경 적응에도 더 유리하다고 생각한다."
>
> 출처 | 김현주(2005)에서 재인용

다시 말하면 국내 잡지들의 경우 IMF 이후 일련의 시련은 다 겪
어왔고 이제는 다시 국내 잡지가 부각될 시기라는 것이다. 이제는
해외 유명 패션 잡지는 다 들어와 있는 상태이므로 규모가 작아 보
다 유연하게 콘텐츠를 다양화, 현지화, 전문화 할 수 있는 국내 패

션 잡지사들이 유리할 것이라는 전망이다.

그러면 다른 매체와 비교하여 패션 잡지의 향후 전망을 알아보자. 독자들이 다른 매체가 아닌 패션 잡지를 선택하는 분명한 이유가 있을 것이다. 신문의 가장 큰 특징이 속보라면 패션 잡지는 비주얼과 텍스트가 같이 묶어져 구성되는 기사에 그 특징이 있다. 또한 잡지 기사는 배너 광고들과 쪼개져서 보게 되는 인터넷 기사와도 차이가 있다. 따라서 국내 패션 잡지의 유통 체계가 잘 이루어져 저렴한 가격에 소비자들에게 전달될 수 있다면 틈새 시장을 노린 국내 잡지들도 활성화될 수 있다. 특히 외국의 경우처럼 싼 가격에 길거리에서 다양한 잡지들을 볼 수 있다면 패션 잡지 시장의 미래는 달라질 수 있다. 중요한 것은 유통망 개선을 통한 시장의 확보다. 유통 구조가 단순화되어 많은 곳에 패션 잡지가 뿌려지고 단가도 내려가고 책도 얇아져서 더 많은 사람들이 손쉽게 잡지를 구입할 수 있게 된다면 광고 효과도 높아지고 잡지 시장이 더욱 살아날 수 있다.

대상 독자의 하향화와 다양화

1990년대에 패션 잡지가 본격화되기 이전에 여성을 대상으로 한 잡지들은 미혼 여성이나 여대생을 대상으로 한 잡지와 30대 이후의 기혼 여성을 대상으로 하는 잡지로 대별되었다. 그러나 1990년대 이후 창간된 잡지는 패션 잡지들을 중심으로 점차 대상 연령대가 낮아지고 세분화되는 경향을 보인다. 즉 미혼 여성, 결혼 초기 미시족, 기혼 여성으로 나누어지며, 다시 미혼 여성지는 10대 후반과 20대 초반, 미시는 20~30대와 30대 전후로 보다 세분화되고 있다. 특히 패션 잡지가 여성 잡지에서 그 위치를 확고히 구축해 가면서 독자 연령층으로 그 시장이 양분화되는 양상을 보였다. 즉 라이선스 잡지를 위주로 한 하이패션 잡지는 20대 중반 이상의 경제력 있는 여성 독자를 대상으로 고가의 패션 브랜드 및 상품을 선보이는 잡지로, 국내 패션 잡지 위주인 영패션 잡지는 10대 후반에서 20대 초반 여성 독자를 대상으로 한 캐주얼 브랜드 및 상품을 소개하는 식이다.

또한 패션 잡지는 기존의 여성 독자에서 남성 독자까지 그 대상을 확대하였다. 1990년대 중후반 이후 남성용 잡지, 즉 남성 일반지와 남성 의류 패션지들이 발간되었다. 특히 이들은 시사 정보와 교양 일변도였던 남성 잡지계에 새로이 나타나 패션, 영화, 건강 등의 문화 기사를 주 영역으로 확대한 잡지로서, 기존의 여성 생활 정보지에 대응되는 남성용 잡지다. 1995년 「에스콰이어」를 시작으로 GQ, 「맥심」, 「아레나」 등이 발간되었는데 특히, GQ는 남성용 패션 잡지로 신세대 남성을 주 독자층으로 하면서 의상, 화장품, 액세서리, 피부 미용 관련 기사까지 싣고 있다. 남성용 패션 관련지들의 등장은 한국 남성들의 패션에 대한 획기적인 인식의 변화를 말해준다. 대상 독자층인 20~30대의 젊은 남성들은 기성 세대와 달리 풍요로운 청소년 시대를 보내고 청소년기에 교복 자율화를 통해서 익힌 패션 감각을 갖고 있는 것이 특징이다. 그러나 이들 남성 패션 관련지는 여성지와는 다르게 10대 후반이나 20대 초반을 대상으로 하지 않고 젊은 남성 전체를 대상으로 잡고 있다.

패션 잡지 상업화의 폐해

패션 잡지라는 매체는 그것을 소비하는 광고주와 독자의 욕구에 적응하는 상업주의 저널리즘인 적응 저널리즘을 구현하는 대표적인 매체다. 즉 패션 잡지는 상업성이 강한 정보 상품으로, 글로벌 광고주에 의해 유명 패션 브랜드 및 상품을 소개하고 이를 통해 수익을 추구한다. 또한 광고 수입이 주 수익원인 구조이기 때문에 광고주의 변화 추이에 따라 잡지의 형식과 내용을 변화시키기까지 한다. 광고주가 현재 어떤 요구를 하고 있으며 어떤 방식으로 매체에 영향을 미치느냐가 패션 잡지 제작에 중요한 고려 내용이 된다.

이러한 패션 잡지의 상업화는 여성들의 삶에 필요한 정보와 오락 기능을 제공하는 패션 잡지의 순기능과 상충된다. 더욱이 패션 잡지의 주 기능인 패션 산업의 주변 환경을 감시하고 패션 현상이나 비판적 정보를 해설하고 전달하며 현재의 패션 문화를 전수하는 기능들이 상대적으로 축소될 가능성이 커진다.

단지 글로벌 패션 기업들의 정보 제공지로 전락하고 패션 상품을 패션 대중에게 주입하여 팔아먹는, 즉 패션 대중을 위해 존재하는 패션 잡지가 아니라 패션 광고주를 위해 존재하는 패션 잡지로 그 본질이나 기능, 역할 등이 왜곡되어 버릴 수 있다.

따라서 한국 패션 저널리즘의 발전을 위해서는 우선 패션 전문기사를 패션 독자 및 패션 산업의 측면에서 비평하고 선도할 수 있는 전문 패션 저널리스트들의 배출이 매우 시급하다. 동시에 패션 관련 학과에서 이들을 배출할 수 있는 패션 저널리즘의 과목 개설이 절실히 요구된다고 할 수 있다.

chapter 5

온라인 패션 저널리즘

chapter 5
온라인 패션 저널리즘

방송 패션 저널리즘

방송 저널리즘의 역할과 기능

'유행'은 일정한 시기에 인기를 누리고 수용되는 지배적인 스타일로서 새로운 스타일이 창조되고 대중에게 소개되어 대중 사이에서 널리 수용된 후 점차 소멸되는 주기적인 특성을 갖는다. 우리가 TV 속에서 그리 오래되지 않은 과거의 화면을 보면서 분명히 그 당시에는 너무도 아름답거나 세련되었다고 느꼈던 연예인들의 모습이 현재의 눈으로 볼 때 메이크업이나 패션이 촌스럽다고 느끼는 것은 많은 사람들이 알게 모르게 유행이라고 하는 것에 영향을 받으며 살고 있기 때문이다.

유행이 만들어지는 데에는 수많은 요인이 있지만 어떠한 요인이든 새로운 유행 아이템이 대중 속으로 퍼져나가는 것은 TV나 신문, 잡지 등과 같은 매스미디어의 전파력 때문이다. 유행에 있어서 분명한 것은 유행의 속성상 대중들의 집단적인 반응을 전제로 한다는 점에서 매스미디어의 전파력을 배제하고는 상상할 수 없다.

방송 매체는 매스미디어의 대표 주자로서, 대량으로 대중적 메시지를 전달하는 매개체 역할과 기능을 한다. 방송은 방송의 대표

격인 공중파 TV를 비롯하여 최근의 케이블 TV까지 현대인의 일상에 너무나도 깊이 파고들어 있다. TV를 비롯한 방송은 일반적으로 다양한 프로그램을 운영하면서 오락이나 정보를 제공하는 인포테인먼트(Infotainment) 기능을 수행할 뿐만 아니라 뉴스 및 설득용 메시지를 전달하는 매개체의 기능을 수행하며 사람과 사람들, 사람과 공동체 및 사람과 국가 등을 이어주는 역할을 한다.

이러한 주요한 기능과 역할에도 불구하고 최근 방송에서는 개별 방송사 보도 프로그램의 시청자가 줄어드는 현상이 나타나고 있다. 이는 방송 채널의 폭증에 따른 결과로, 케이블 TV와 위성 TV의 보급, 디지털 TV의 등장 그리고 인터넷 방송의 확산 등으로 방송 뉴스를 전달하는 매체의 수가 급속도로 증가하면서 야기된 현상이라 볼 수 있다.

이에 따라 소수의 지상파 방송사들이 뉴스 영상을 독점적으로 시청자들에게 제공하던 시대는 이미 지났다. 대신 폭발적으로 증가한 방송 채널, 온라인에 진출한 인쇄 매체들 그리고 전문적인 인터넷 뉴스 매체들이 보다 많은 뉴스 시청자들을 잡아두기 위해서 치열한 경쟁을 벌이는 상황이 되었다. 방송 뉴스 매체들은 딱딱한 사실 중심의 정보 전달만으로는 경쟁에서 이기기 어렵다는 현실에 직면하였고, 감정 이입과 흥미 유발에 능한 TV 매체는 그러한 매체의 특성을 십분 살려서 새로운 형태의 저널리즘 문화를 추구하고 있다.

심각하고 딱딱한 정보 위주의 전통적 저널리즘에서 벗어나 흥미를 고려하거나 일반 시민들을 참여시키거나 인포테인먼트를 적극적으로 활용하는 포맷을 개발하고 나선 것이다. 아무리 유익하고 교육적인 내용으로 가득 차 있더라도 시청자의 관심과 주의를 끌지 못하는 저널리즘 프로그램은 시장 경쟁에서 살아남지 못하기 때문이다.

뉴미디어 산업과 패션 콘텐츠

디지털 혁명기를 맞아 미디어의 기본 개념이 변화하고 있다. 미디어 산업 환경에서 온라인화·디지털화, 무국적화·독점화, 융합화 등의 현상이 두드러지면서, TV(방송), 전화(통신), 인터넷(컴퓨터) 등 각각의 역할을 단일화시킨 토털 미디어로서의 '매체통합화'가 진행되고 있다.

미디어 산업에서 중요성이 더해지고 있는 엔터테인먼트 산업은 다른 산업 및 사회 분야들과의 융합을 통해 인포테인먼트와 에듀테인먼트 형태로 발전하고 있다. 방송과 통신도 서로 융합되어 단일 기기, 다중 서비스 시대가 개막되고 있다. 네트워크와 정보 기기, 디지털 콘텐츠의 통합도 가속화되어 방송 산업의 환경이 급변하고 있다.

또한 20세기 감성 시대의 도래와 함께 사회 전반의 모든 분야에서 문화적 감각과 창의성이 더욱 중요해지고 있다. 특히 대중의 삶이나 생활에서 레저와 오락의 즐거움이 중시되면서 패션 생활이나 상품, 패션 저널리즘에서도 감동과 재미를 가미한 엔터테이너로서의 역할이 요구되고 있다. 뉴미디어의 등장과 함께 패션 저널리즘에서도 기술 혁신과 더불어 문화적 감각, 감동과 즐거움을 첨가한 패션 콘텐츠의 개발에 더욱 가치를 부여하고 있게 된 것이다.

뉴미디어의 도래를 보다 자세히 살펴 보면, 무선 인터넷, 개인 이동통신 등의 새로운 문화에서는 음악, 영화, 정보(주식, 날씨 등)

와 더불어 패션 콘텐츠가 중요하게 다루어지고 있다. 또한, 정적인 컨텐츠로서의 패션 산업이 디지털 정보로 변화하여 ISP(한국통신, KTF, SK텔레콤, 데이콤)에 의한 인터넷, 디지털 방송 혹은 패션 전문 케이블 TV등에 이용되면서 동적인 패션 산업으로 발전하고 있다.

뉴미디어 업계 중 패션 전문 케이블 TV는 정보통신 트렌드에 맞춰 패션 브랜드 등과 전략적 제휴 관계를 맺고, KTF, SK텔레콤 등을 통해 편리함과 행복을 추구하는 도시인에게 패션 및 뷰티와 관련된 정보와 엔터테인먼트를 제공하는 종합 패션 정보 제공자로서의 역할을 추구하고 있다.

케이블 TV 여성 전문 채널

우리나라 케이블 TV는 다양한 정보를 원하는 국민들의 욕구에 부응하여, 정보화 사회 기반을 구축하는 것을 목적으로 1990년 3월 1일 출범하였다. 불특정 다수의 시청자들을 대상으로 다양한 프로그램을 시간대별로 배치하여 편성하는 공중파 TV와는 달리 다채널, 전문 편성을 특징으로 하는 케이블 TV는 특정 시청자를 대상으로 특정 내용을 방송하며 채널을 차별화하였다.

이러한 전문성을 특징으로 하는 케이블 TV에서는 최근 여성 전문 채널로 동아TV, 온스타일, GTV, 올리브 네트워크가 등장하였으며 여성 채널을 구성하는 프로그램들은 뷰티 및 패션에 많은 시간을 할애하고 있다. 이는 여성을 단순히 뷰티나 패션과 연결시키는 편향적인 시각에서 비롯된 것이기도 하지만 또한 외모에 대한 사회적 관심의 증가를 반영하는 것이라고 볼 수도 있다. 사실 케이블 TV가 등장하기 이전에 이미 공중파 TV와 수많은 매스미디어에 의해 외모에 대한 대중의 관심과 욕구는 증가해 있었다. 매스미디어의 이러한 발달이 외모 지상주의를 가져왔다고도 볼 수 있으며, 그 결과 요즘의 젊은이들은 외모는 만들어질 수 있는 것으로 인식하고 있는 듯하다. 다만 케이블 TV의 뷰티·패션 프로그램으로 외모 지상주의가 더욱 대중화되었고 대중의 일반적인 욕구로 확대된 점은 부정할 수 없다.

여성 전문 채널의 뷰티·패션 프로그램

케이블 TV는 공중파 방송과는 다르게 가족 시간대, 성인 시청 시간대가 정해져 있지 않고 각 채널별로 분야별 프로그램을 전문적으로 편성하여 방송하고 있다. 여성을 목표 집단으로 하는 대표적인 채널은 동아TV, 온스타일, GTV, 올리브 네트워크 등이 있다.

각 채널들의 비전과 대표적 뷰티·패션 프로그램을 살펴보자. GTV는 여성의 뉴 라이프 스타일을 창조하며 가정과 사회의 행복을 추구하는 여성 전문 채널이라는 비전을 내세우고 있으며, 온스타일은 20~30세 여성을 대상으로 한 스타일을 강조하고 있다. 대표적 프로그램으로는 「프로젝트 런웨이」, 「스타 스타일」, 「스타일 매거진」, 「도전! 수퍼모델」, 「아메리칸 아이돌」 등이 있다.

동아TV는 20~30대 중상류층 남녀를 대상으로 뷰티·패션을 선도하는 채널로서 럭셔리, 패션, 뷰티, 스타일을 대표하는 채널이라는 비전을 내세우고 있다. 세계적으로 유명한 모델 및 디자이너, 유명한 패션 컬렉션을 주로 방영하고 그 외에도 「도전! 신데렐라」, 「매거진 S」, 「슈퍼스타 다이어리」 등 다양한 오락 및 교양 프로그램을 방영하고 있다.

CJ미디어의 라이프스타일 채널인 올리브 네트워크는 리빙 레시

피(Living recipe), 밸류(Value), 뉴(New), 스타일리시(Stylish), 네버 마인드(Never Mind), 프랙티컬(Practical)의 항목으로 브랜드 스토리를 제시하고 있다. 전문 요리 채널이었던 올리브 네트워크는 앞서가는 트렌드를 읽고 스스로 스타일을 만드는 트렌드 세터라는 의미를 가진 '스타일리시'라는 항목을 제시하면서 채널 성격에 뷰티·패션의 요소를 가미했다. 올리브 네트워크의 대표적 뷰티·패션 프로그램으로는 「트렌드 리포트 필」, 「그녀의 아름다운 도전」, 「겟잇뷰티 다이어리」, 「더 룩」, 「데뷰」, 「올리브쇼」, 「타이라쇼」 등이 있다.

▶ 온스타일 채널 프로그램 「도전! 수퍼모델」

「도전! 수퍼모델(American next top model)」은 여성 시청자를 대상으로 한 대표적 리얼리티 TV 프로그램으로, 미국의 수퍼 모델인 타이라 뱅크스(Tyra Banks)가 차세대 모델을 발굴한다는 목적으로 2003년 제작하기 시작하여 현재 전세계 32개 국에 포맷이 수출되고 있는 인기 프로그램이다. 이 프로그램은 패션모델이라는 직업 세계에 진입하려는 젊은 여성을 대상으로 한 오디션 프로그램으로 여성의 주요 관심사인 패션, 외모, 스타일 등을 강조하고 있다.

패션 전문 채널과 소비자

최근 케이블 TV에서 20~30대 여성을 대상으로 하는 뷰티·패션 채널이 등장하면서 일반 대중의 소비 성향에 대한 영향이 매우 커졌다. 이 채널들은 외모를 가꾸거나 치장하는 방법, 패션 아이템을 구매하는 방법, 명품 패션 브랜드와 상품에 대한 정보, 패션 모델이나 스타들에 대한 일상 생활 이야기 등을 보여준다. 즉 케이블 TV를 통해 예전에 비해 상대적으로 다양한 패션 정보들이 직간접적으로 일반 대중에게 전달되고 있으며 이는 일반 대중의 소비 생활과 문화에 지대한 영향을 끼치고 있다.

구체적으로 살펴보면, 케이블 TV의 뷰티 및 패션 프로그램은 일반 소비자들의 소비 생활에 있어 과시적 소비와 객체적 소비를 유도하고 있다. 즉 일반 대중으로 하여금 수입의 많은 부분을 뷰티 및 패션을 위해 사용하는 과시적 소비를 유도하는 결과를 가져오기도 한다. 그리고 스타일 유지를 위해 신체적으로 불편을 주는 패션 아이템들을 착용하는 객체적 소비를 유도하기도 하는데, 이는 타인의 시선을 상당히 의식하게 하고 더 나아가 스타일의 유지를 타인과의 경쟁력으로 인식하게 하는 결과를 가져오기도 한다.

특히 명품이나 유명 연예인들의 일상 생활과 관련된 프로그램은 명품에 대한 일반 대중의 인식에 여러 문제점을 유발할 수 있다. 즉 명품을 사용함으로써 사회적 신분이 올라갈 수 있다는 인식을 갖게 하며, 이는 자신들의 소비 생활에 대해 자신감을 갖지 못한채 자신의 열등감을 커버하기 위한 수단으로 외모를 가꾸는 소비 생활을 하게끔 유도하기도 한다. 외모를 가꾸기 위해 무계획적인 소비 생활을 하게 되고 이는 경제적 어려움을 야기할 수 있으며 상대적 박탈감이나 자격지심, 우월의식 등 비정상적인 심리적 문제를 가져오기도 한다.

여기 하나의 예가 있다.

> "능력이 되면 사고 싶은데… 짝퉁이 많으니까. 아무리 진짜를 들어도 남들이 보기에 가짜겠거니 할 수 있으니까. 완전히 모든 걸 명품으로 하지 않은 이상은 하나를 명품을 든다고 해도 다른 옷이 명품이 아니면 사람들은 '아! 저건 분명히 명품이 아닐거야'라고 생각할까봐 짝퉁인 게 드러날까봐 불안하죠. 그렇게 불안하면 자신감도 떨어지는 것 같고 …「악마는 프라다를 입는다」를 계속 보면 나도 저렇게 살고 싶다는 생각이 들죠. 일단 명품을 하면 있어 보이니까 … 계속 명품 입고, 그러니까 힘들어도 저런 일하고 싶다는 생각이 들 거 같아요. 정말 완전 모두 명품을 하든지 아님 아예 안하는 게 나을 거 같아요. 저도 그렇고."
>
> 출처 ㅣ 유현정·송유진,「내러티브 분석을 통해 본 케이블 TV 여성 전문 채널 뷰티·패션 프로그램 시청자의 소비 경험 이야기」, 〈한국생활과학회지, 17(1), 2008〉, p.70

패션 전문 채널과 상업주의

패션 전문 케이블 TV 채널인 동아TV, GTV 등의 동향을 알아보자. 각종 미디어는 국내 디자이너들의 서울컬렉션과 SFAA, KFDA를 후원하고 있으며 디자이너 세계, 패션인시네마, 컬렉션 등 다양한 프로그램을 통해 홍보함으로써 국내 디자이너 브랜드 활성화에 노력하고 있다.

수입 브랜드에 대해서는 국내 비정기적 이벤트 중 대형 쇼는 제작비 협찬을 통해 프로그램을 진행하면서 미디어 업계의 수익 모델에 기여한다. 소규모 살롱 쇼의 경우 패션 뉴스로 홍보하거나 해외 컬렉션 초청 제안 및 현지 촬영 등을 통해 산업계에 홍보를 하고 있다.

국내 브랜드로는 LG패션 마에스트로 등이 현재 패션 전문 케이블 TV 및 공중파에 두루 광고를 내보내는 반면 지오다노 등의 업체는 대중성을 지향하므로 공중파 방송을 더 선호하는 경향을 보이고 있다. 패션 전문 케이블 TV에서는 주로 패션 뉴스에서 트렌드로 다루거나 일정 프로그램 제작 비용을 받고 패션 쇼 행사를 진행하거나 보도하고 있다. 중소기업형 브랜드는 방송 광고·홍보 투자가 현실적으로 이루어지지 않고 있다.

유통 분야에서 백화점은 공중파를 선호하기 때문에 패션 전문 케이블 TV를 통한 홍보는 미비한 상태다. 대신 두산타워 등 동대문 밸리는 패션 전문 케이블 TV 등에서 패션 전문 프로그램 및 이벤트를 진행하고 있다. 패션 전문 케이블 TV에서는 해외 컬렉션인 파리·밀라노·뉴욕 컬렉션 등을 직접 촬영하며, 동아TV와 GTV가 선도적으로 해외 컬렉션을 소개하고 있다.

패션 전문 케이블 TV, 패션 전문 잡지, 신문 등 매체를 통한 패션 저널리즘은 패션 경향 및 시장 동향을 통찰력 있게 분석하고 파악하면서 각 분야(인터넷, 브랜드, 방송 미디어 등)를 시기적절한 홍보 전략으로 연결시켜 주어 소비자에게는 유용한 정보를, 브랜드에게는 소비자의 정보 및 홍보를 제공하는 분야로 발전하고 있다.

패션 전문 채널과 명품 브랜드

쇼메, 샤넬, 에스까다 등 수입 명품 브랜드는 독자적인 스케줄로 이루어지는 정기적 이벤트(대형 패션쇼 및 소규모 살롱쇼), 고급 이미지를 갖고 있는 타 업체들과의 공동 마케팅 및 프로모션을 중심으로 한 마케팅 전략을 구사하고 있다. 주로 라이선스 잡지(보그, 엘르, 마리끌레르 등)와 패션 전문 케이블 TV(동아TV, GTV)를 통한 홍보에 집중하고 있는데, 사치성 소비를 하면서도 여론을 의식하지 않을 수 없는 상류 계층의 특성상 수입 브랜드의 행사는 대중성을 거부하고 소규모 VIP 살롱쇼로 진행되는 경우가 많다.

패션 전문 채널인 동아TV의 명품 기행 프로그램을 통한 고가 마케팅 사례를 살펴보자. 패션 산업 및 인터넷 산업과의 다양한 네트워크를 형성하고 있는 패션 전문 미디어 업체로서 동아TV는 패션 전문 고급 이미지를 강화하기 위해 「세계 명품기행」이라는 프로그램을 기획했다. 프로그램을 성공적으로 완성하기 위해 명품 브랜드들의 도움이 절실했고, 효과적인 촬영 진행을 위해서는 KTF 같은 대형 협찬사가 필요했다.

당시 KTF는 국내 이동전화 서비스 최초로 여성 전용 브랜드 '드라마'를 출시한 직후였으나 이미지 만들기 및 전략적 파트너십 부분이 취약한 상태였다. 특히 뷰티 분야는 질적으로 너무 경쟁력이 떨어지기 때문에 패션 전문 미디어의 도움이 절실히 필요한 시점이었다. 그러나 명품 브랜드와 무선 인터넷 업계와의 일대일 마케팅은 성공할 수 없었고 KTF와 동아TV간의 단순한 광고 지원도 설득력이 없었다.

결국 다음과 같은 3자간의 공동 마케팅이 일대일 마케팅이 아닌 N대N 마케팅에 의해서 각 분야간 시너지를 발휘할 수 있었다. 즉 동아TV는 다양한 패션 전반의 네트워크를 통해 명품 브랜드를 집중 조명한 「세계 명품기행」이라는 독특한 프로그램을 개발하고 프로그램 제작 비용을 KTF로부터 제공받으면서 명품 브랜드를 KTF의 드라마 회원과 연결시켰다.

이처럼 서로의 필요성에 의해 6개월에 걸쳐 전략적 협력 관계가 지속되었고 KTF 측에서 4개 브랜드 정도를 명품 기행 콘텐츠로 선정하여 최종 협찬 의사를 밝힘으로써 계약에 이르게 되었다. 최종적으로 막스 앤 스펜서, 빌리 백(영국), 샤넬, 니나 리찌, 쇼메(프랑스), 치비디니, 에르메네질도 제냐(이태리), 에스까다(독일), 타사키(일본) 등 약 10개의 세계적 명품 브랜드들을 종합적으로 다룬 프로그램 「세계 명품기행」의 제작이 시작되었고 총 40여 일에 걸친 유럽 취재를 거쳐 두 달 여 동안 방영되었다.

결과적으로 동아TV는 고급스러운 콘텐츠를 확보하여 편성함으로써 고급스러운 패션·뷰티 방송으로서의 이미지를 향상시킴과 동시에 해외 현지 브랜드들과 직접적인 네트워크를 형성하여 새로운 프로젝트를 진행할 수 있게 되었다. 명품 브랜드들은 흩어져 있던 브랜드 역사, 디자이너 철학, 마케팅 전략 자료 및 브랜드 강점 등을 모아 정리된 동영상 홍보자료 30분물을 갖추게 되었다. 또한 KTF '드라마'는 10만 명이 넘는 회원들에게 보내지는 광고지 및 인터넷을 통해 브랜드 홍보 및 광고를 할 수 있었다.

● 동아TV의 방송 편성표(2008. 11.11)

동아TV 방송 편성표(2008. 11. 11)			
6:00	08F/W파리컬렉션	[HD]전체 관람가	12회 랑방
6:30	08F/W뉴욕컬렉션	[HD]전체 관람가	14회 나르시소 로드리게즈
7:00	스택트	15세이상	13회
7:30	헐리웃10베스트	15세이상	19회 최고의 하룻밤 무비
8:00	4인4색	15세이상	1회 1부
8:30	어 스윗 저니 인 오스트레일리아	12세이상	1회 시드니편
9:00	08F/W뉴욕컬렉션	[HD]전체 관람가	14회 나르시소 로드리게즈
9:30	08F/W파리컬렉션	[HD]전체 관람가	12회 랑방
10:00	막아라! 쇼핑중독	15세이상	8회 1부

시간	프로그램	등급	회차
		15세이상	8회 2부
11:00	매거진S	15세이상	5회
12:00	헐리웃스폿라이트	15세이상	28회 조디포스터
12:30	레이첼 레이의 30분 미니쿡	[HD]12세이상	30회
13:00	도전! 꿈을 향해	15세이상	12회 1부
		15세이상	12회 2부
14:00	샐러브리티 스토리	15세이상	11회 1부 빅토리아 배컴
		15세이상	11회 2부 빅토리아 배컴
15:00	09S/S 서울컬렉션	전체 관람가	9회
16:00	박소연의 시크릿 가든	15세이상	5회
16:30	어 스윗 저니 인 오스트레일리아	12세이상	2회 멜버른편
17:00	최고의 스파를 찾아라	[HD]15세이상	1회
17:30	레이첼 레이의 30분 미니쿡	[HD]12세이상	1회
18:00	뉴도전 신데렐라 8기	15세이상	2회
18:30	헐리웃10베스트	15세이상	18회 최고의 연예인커플
19:00	샐러브리티 스토리	12세이상	1회 패리스힐튼
19:30	스타홀릭 시리즈	15세이상	1회 1부 다이어트
		15세이상	1회 2부 다이어트
20:30	08F/W 파리컬렉션	[HD]전체 관람가	12회 랑방
21:00	헐리웃 스타 핫바디 따라잡기	[HD]15세이상	29회
21:30	4인4색	15세이상	1회 1부
22:00	스타일로 승부한다	15세이상	1회
22:30	Change your style	15세이상	3회
23:00	도전신데렐라(미국편)3기	15세이상	16회 1부
		15세이상	16회 2부
0:00	헐리웃 스폿라이트	15세이상	29회 덴젤워싱턴
0:30	박소연의 시크릿 가든	15세이상	5회
1:00	매거진S	15세이상	5회
2:00	09S/S 서울컬렉션	전체 관람가	9회
3:00	섹시 캣워크	19세이상	2회
3:30	07S/S 리옹모드시티	19세이상	3회
4:00	패션언센서드언컷	19세이상	2회 1부
		19세이상	2회 2부
4:50	헐리웃스폿라이트	15세이상	39회 리암니슨
5:20	08S/S 밀라노 컬렉션	[HD]전체 관람가	10회 에밀리오푸치
5:40	08S/S 파리 컬렉션	[HD]전체 관람가	7회 엘리사브

인터넷 패션 저널리즘

인터넷과 저널리즘

지금 전세계는 인터넷 열풍에 휩싸여 있다. 기존 아날로그 체제는 디지털 체제로 변환되고 있으며 다양한 가능성을 무한히 던져주고 있는 인터넷은 단순히 정보 교류 및 통신의 장을 넘어 신세대의 관문이자 기반이 되고 있다.

인터넷의 등장은 '정보 양식'이라는 개념이 시사하듯 인류의 삶에서 새로운 생활 세계를 구축하였는데, 여기서 정보 양식이란 전자적으로 매개된 커뮤니케이션 체계를 말한다. 인터넷이라는 세계 최대 통신망은 상호 작용 커뮤니케이션과 정보의 디지털화를 특징으로 일반 대중에 접근하였다. 인터넷이 다른 매스미디어와 큰 차이를 보이는 특징에 대해서 알아보자.

매스미디어가 '일대다(一對多)' 커뮤니케이션이라면 인터넷은 '다대다(多對多)' 커뮤니케이션 체제다. 인터넷은 매스미디어 시대의 수동적 대중들을 능동적 대중으로 바꾸어 놓았다. 또 인터넷은 여러 네트워크가 자발적으로 연결되어 이루어진 통신망이므로 매스미디어와는 달리 포괄적 지배력을 행사하는 단일 관리자가 없다. 즉 어느 누구도 우월한 영향력을 행사할 수 없다. 신문이나 잡지처럼 독점 자본가가 주인인 매스미디어와는 달리 인터넷은 주인이 없는 셈이다. 이 곳에는 오직 능동적인 커뮤니케이션을 하는 네티즌만이 존재한다.

인터넷이라는 뉴미디어의 등장은 신문 산업에도 큰 변화를 가져왔다. 컴퓨터와 신문의 만남, 구체적으로 인터넷과 신문의 만남은 오늘날 언론 현상을 이해하는 핵심 영역 가운데 하나가 되었다. 신문 산업에서 인터넷 신문의 위치와 인쇄 신문과의 관계, 인터넷 신문의 저널리즘적 특성, 그리고 신문 산업의 미래 등에 대해 다양한 논의가 이루어져 왔다. 특히 뉴미디어로 떠오르는 인터넷과 사양길에 접어들었다고 평가되는 인쇄 신문의 관계와 관련하여 인터넷 신문이 보조적 역할을 하게 될지 또는 대안 매체로서 떠오를지에 대해 다양한 논의가 있었으나 뉴미디어의 수용자나 뉴미디어 환경은 후자의 손을 들어주었다.

인터넷 신문은 전세계적으로 1994년 이전 20개에서 95년 후반기에 855개, 97년 전반기에는 3,622개로 급격히 증가하였다. 국내의 경우도 20여 개의 일간 신문을 비롯하여 특수지, 생활정보지 등이 인터넷 신문을 서비스하고 있다. 이들은 인쇄 신문의 보조적 역할을 하는 인터넷 신문과 독립적인 인터넷 신문, 단순히 기사만을 통신에 제공하는 전자 신문, 인터넷 신문의 정보와 뉴스를 선별해 제공하거나 이들 인터넷 신문에 링크할 수 있도록 하는 2차적 인터넷 신문 등으로 나눌 수 있다.

현재 인터넷에서 뉴스를 제공하는 웹사이트는 신문사 웹사이트, 방송사 웹사이트, 인터넷 언론사 웹사이트, 포털사이트 등이 있다. 대체로 뉴스 웹사이트 이용자의 방문 빈도를 보면, 포털사이트, 인터넷 언론사 웹사이트, 신문사 웹사이트, 방송사 웹사이트 순으로 높다. 대부분의 경우 정치나 정부 뉴스, 사회 문화 뉴스를 보기 위해 접속한다.

인터넷 미디어의 특성과 저널리즘

단순히 개인의 통신망이 아니라 뉴스를 전달하는 기능과 역할을 하는 매스미디어로 부상한 인터넷은 새로운 뉴스 전달 매체로서 각광받고 있다. 인터넷이 갖는 멀티미디어 및 디지털 기능은 뉴스의 구성과 형식에 새로운 양식을 가져왔고 인터넷 온라인 저널리즘이 만들어낸 새로운 형태의 뉴스 양식과 구성 방식은 새로운 저널리즘 환경을 만들어냈다.

인터넷 미디어의 특징은 크게 하이퍼텍스트성(hypertext)과 상호작용성(interactivity)으로 나누어 살펴볼 수 있다.

디지털 미디어에서는 텍스트 기사도 평면적이고 시계열적인 나열에서 벗어나 하이퍼텍스트화되고 있다. 기사를 읽는 독자는 기자가 설정해 놓은 텍스트의 맥락으로부터 벗어나 자신의 정보 추구 욕구와 판단에 따라 유목민처럼 수시로 사이트들을 옮겨 다닌다. 즉 인터넷 미디어에서 제공하는 뉴스 제목을 클릭하면 기사 본문을 볼 수 있고 뉴스 본문 페이지에서 쉽게 원하는 다른 페이지로 이동할 수 있으며, 또한 하이퍼링크 기능을 통해 독자에게 관련된 뉴스나 관심 검색어를 찾아볼 수 있다.

따라서 정보 흐름의 통제권이 기자가 아닌 독자에게 이전되며 동일한 하이퍼텍스트라도 독자 개개인이 어떤 링크를 따라가는가에 따라 여러 관점으로 읽혀지게 된다. 이러한 뉴스 읽기 방식은 정보의 홍수 속에서 독자 개개인이 능동적 정보의 사용자가 되어 뉴스의 가치를 주체적으로 판단할 수 있게 한다.

그리고 상호작용성은 이미 앞에서 언급하였던 것처럼 뉴미디어가 갖고 있는 특징적 성격이다. 상호작용성은 커뮤니케이션 상황에서 송신자와 수신자가 능동적으로 참여하여 이루어지므로 이러한 능동적 참여가 어느 정도 허용되느냐를 뜻한다. 컴퓨터 매개 커뮤니케이션에서는 송신자와 수신자가 동시에 참여할 수 있기 때문에 면대면 상황 못지않게 상호작용을 하게 된다. 기존의 매스미디어를 통한 커뮤니케이션에 있어 상호작용이 없었다고는 할 수 없지만, 기존 매스미디어 생산자 측에서 이를 공개하지 않는 한 접근하기 어려운 힘든 영역이었다. 그러나 웹은 기존 매스미디어보다 이런 측면에서 공개적이며 메시지 생산자와 수신자의 커뮤니케이션이 계속 이루어질 수 있다는 점에서 기존 매스미디어에 비해 상호작용 정도가 매우 높다고 할 수 있다.

인터넷의 상호작용성은 일반 대중이 뉴스나 공공 이슈 보도 과정에 참여할 수 있는 길을 제공하기도 한다. 즉 인터넷 미디어의 뉴스 서비스는 단순히 정보 전달 중심이 아니라 정보의 공유, 선택의 체제로 변환되는 것을 의미한다. 기자가 단순히 뉴스를 보내는 사람이라는 고정관념이 성립되지 않으며, 뉴스를 보내는 자와 받는 자의 역할 또한 고정되어 있지 않다.

인터넷 뉴스의 생산과 저널리즘

인터넷은 뉴스 생산에 많은 변화를 가져왔다. 첫 번째로 꼽을 수 있는 것은 취재 환경의 변화다. 위에서 언급한 하이퍼텍스트성과 상호작용성이 실현되었고 전자우편(e-mail), 뉴스그룹(newsgroup), 리스트서브(listserve), 텔넷(telnet), 고퍼(gopher), 파일전송(FTP), 월드와이드웹(World Wide Web) 등 인터넷 서비스가 적용되었다. 또 다양한 검색 엔진과 상용 데이터베이스를 이용한 취재는 뉴스의 수집 보도에 많은 영향을 주었다. 사실 포털사이트 뉴스 서비스의 경우 주로 여러 신문, 방송, 통신 등 뉴스 미디어로부터 뉴스를 모아 스크랩 형식으로 붙여 놓고, 보도하고 있다.

둘째, 뉴스 미디어 환경의 변화를 가져왔다. 이전 저널리즘 환경에서 마감 시간, 제한된 지면, 방송의 뉴스 시간 등은 뉴스 보도 가치, 객관 보도, 특집, 기사 분량 등 많은 미디어 제약들이 만들었다. 그리고 전통적인 미디어의 시공간 제약과 상호작용성의 부재는 독자의 참여를 제한하였고 마감 시간과 경제적인 글쓰기를 요구하였다. 그러나 인터넷에서는 이러한 전통적인 저널리즘의 제약성이나 한계성에서 벗어날 수 있다. 인터넷 미디어를 통한 뉴스는 지면과 시간의 제약을 받지 않기 때문에 뉴스의 수나 양에 관계 없이 독자가 뉴스를 더욱 효율적으로 접근할 수 있도록 도와주고 있다. 심지어 기사를 아카이브(archive) 형태로 저장할 수도 있고 기사를 즉시, 그리고 정기적으로 업데이트할 수 있으며 기사뿐만 아니라 오디오와 비디오를 비롯해 온라인 고유의 콘텐츠를 추가할 수도 있다. 따라서 인터넷 미디어는 독자의 욕구를 더욱 충족시킬 수 있는 저널리즘으로 발전할 수 있게 한다.

셋째, 기자의 역할을 변화시켰다. 인터넷 상에서는 일반 시민들이 뉴스 생산과 전달에 참여할 수 있어 '시민 기자'라는 새로운 기사 생산 그룹이 생겼고 시공간 제약을 뛰어 넘는 새로운 뉴스 형식이 등장하였다.

넷째, 뉴스 정보원의 성격이 변화되었다. 정보원이 출입처 등에 한정되어 있지 않고 일상 생활 공간이 뉴스 정보원이 되고 있다. 이를 통해 인터넷 저널리즘(온라인 저널리즘)은 언론의 해석과 탐사 역할을 더 강화시키고 있다.

인터넷과 패션 정보

감성 시대에는 문화적 감각과 창의성이 중요해진다. 레저와 오락의 즐거움이 중시되면서 일반 대중에게도 감동과 재미를 가미한 저널리즘의 오락 기능이 강화되고 있다. 뉴미디어 시대의 패션 저널리즘에서는 문화적 감각, 감동과 즐거움을 첨가한 패션 뉴스와 정보의 제공이 특히 중요해지고 있다.

수동적이던 미디어 수용자, 즉 독자들이 능동적인 참여자로 변화하면서 뉴미디어의 하이퍼텍스트성과 상호작용성을 이용하여 능동적 참여자에서 능동적 소비자로까지 격상하고 있다. 최근, 패션 관련 정보나 뉴스들은 패션 기자나 강사, 관련 종사자, 관심이 많은 사람들의 블로그들을 통해서도 게재되기도 하며 이와 관련된 개인적 논평이나 사설 등이 생산되어 전달되기도 한다.

뉴미디어 업체도 공공성이 강한 언론 기관이기보다는 콘텐츠 비즈니스를 수행하는 하나의 상업화된 기업으로 변신하고 있다. 따라서 전통적인 패션 신문이나 잡지, 방송 외에 인터넷 패션 신문이나 정보 업체들도 패션 정보 산업의 중심이 되어 가고 있다.

인터넷과 패션 뉴스

인터넷에서 제공하는 패션에 관련된 정보와 뉴스는 인터넷 내의 다양한 경로를 통해 일반 대중에게 전달된다. 우선, 국내 검색 도구인 다음, 네이버, 야후, 알타포털, 심마니 등에서 '패션'이라는 검색어를 쳤을 때 나오는 것을 분류해 보면, 패션몰 사이트, 패션 정보 사이트, 패션 신문·잡지 사이트, 패션 교육 정보 사이트, 패션 회사·상품 정보 사이트 등이 나온다. 이들 사이트들에서 다양한 패션 정보와 관련된 많은 내용들을 전달하지만 패션 뉴스나 기사 등을 전달하는 경로는 대체로 패션 신문이나 잡지 사이트들, 그리고 패션 정보 사이트들이다. 패션 신문이나 잡지 사이트들은 이미 기존에 인쇄 매체로 신문이나 잡지에서 제공하고 있는 것들이 대부분이고 패션 정보 사이트는 이들 신문에서 제공하고 있는 주요 기사나 보도들을 게재한다.

일반 신문 사이트와 마찬가지로 패션 신문 · 잡지 사이트의 뉴스 구성이나 형식도 인터넷 매체의 특성에 따라 인쇄 매체와는 다르다. 즉 패션 신문 · 잡지 사이트에서는 인터넷 매체의 특성인 하이퍼텍스트성과 상호작용성으로 인해, 패션 대중들이 자신의 정보 추구 욕구와 판단에 의해 원하는 정보를 따라 페이지를 이동하면서 뉴스를 검색할 수 있으며, 일반 신문 사이트에서처럼 활성화되지는 않지만 송신자인 패션 신문 · 잡지 사이트와 수신자인 패션 대중 간의 커뮤니케이션과 참여가 이루어지고 있다.

그러나 인터넷 패션 뉴스들은 일반적인 인터넷 뉴스가 가지고 있는 특성이나 생산 방식을 공유하면서도 패션 관련 인쇄 매체가 가지고 있는 문제점들도 모두 안고 있다고 할 수 있다. 즉 패션 전문신문의 패션 기사들이 그렇듯이 사설이나 논평 기사의 부족, 기업 홍보 의도대로 이끌어지는 뉴스나 박스형 기사의 범람, 신문 · 잡지사의 광고 매체화 등의 문제점이 인터넷 패션 신문 · 잡지 사이트에서도 그대로 나타나고 있다. 패션 신문 · 잡지 사이트는 패션 및 패션 산업에 관련된 다양한 정보를 전달하면서 대체로 일반 대중이나 패션 대중보다는 패션 관련 업무나 비즈니스를 위한 독자를 목표 대상으로 한다. 따라서 일반 패션 대중을 위한 사설이나 논평, 심층 보도 기사가 매우 적으며, 대체로 패션 관련 산업이나 업계의 현황을 보도하는 기사들이 중심이다. 이러한 기사들조차도 패션 관련 기업이나 단체의 의도대로 기사나 뉴스가 보도되는 경향이 짙다고 할 수 있다.

● 패션 신문 및 잡지, 인터넷 사이트

구분		이름	주소
패션 신문	웹진/on-line	국제섬유신문	http://www.itnk.co.kr/
		보빈저널	http://www.bobbinjournal.com/
		어패럴뉴스	http://www.appnews.co.kr/
		텍스헤럴드	http://www.fashionn.com/
		패션비즈	http://www.fashionbiz.co.kr/
		패션인사이트	http://www.fi.co.kr/
		패션저널	http://www.okfashion.co.kr/
		한국섬유경제	http://www.fashion-news.co.kr/
		한국섬유신문	http://www.ktnews.com
		한국염색신문	http://www.dyennet.co.kr/Dyenews/index.htm
	off-line	어패럴뉴스	http://www.appnews.co.kr/
		텍스헤럴드	http://www.fashionn.com/
		보빈저널	http://www.bobbinjournal.com
		국제섬유신문	http://www.itnk.co.kr/
		한국섬유경제	http://www.fashion-news.co.kr/
		한국섬유신문	http://www.ktnews.com
		노블레스	http://www.noblesse.com/noblesse/Welcome.do
패션 잡지	국내	마담휘가로	http://www.efigaro.com/
		마리끌레르	http://www.marieclairekorea.com
		보그	http://www.vogue.co.kr/
		보그걸	http://www.voguegirl.co.kr/
		쎄시	http://ceci.joins.com
		슈어	http://sure.joins.com
		신디더피키	http://www.cindy.co.kr/
		싱글즈	http://www.thesingle.co.kr/
		앙앙	http://www.ianan.co.kr/
		얼루어	http://www.allurekorea.com/
		에꼴	http://www.iecole.co.kr/
		엘르	http://www.elle.co.kr/
		엘르걸	http://www.ellegirl.co.kr/
		오뜨	http://www.haute.co.kr/
		인스타일	http://www.instylekorea.com
		GQ코리아	http://www.gqkorea.co.kr/
		코스모폴리탄	http://cosmopolitan.joins.com/

마치며

 2008 미국 대선에서 공화당 부통령 후보인 페일린의 옷차림이 한창 뉴스거리였다. 페일린의 가와사키(Kawasaki) 704 안경 및 15만 불에 달하는 명품 의상 등이 비판과 찬사를 동시에 받으며 미국의 대중뿐만 아니라 대통령 선거에도 영향을 끼쳤다. 이러한 패션 뉴스거리가 대중과 사회문화, 정치, 경제 등에 직접적이지 않지만 교묘하게 영향을 끼쳐온 사례는 무수히 많다.

 이 책은 이러한 패션 뉴스로부터 패션 저널리즘을 출발하려고 시작하였다. 우리나라에서는 아직 생소한 감이 있는 패션 저널리즘에 대해서 가장 기초적인 개념과 이슈부터 차례로 하나씩 살펴보려 하였다. 우선 패션이 무엇인지, 패션의 형성과 변화에서 저널리즘은 어떤 역할을 하는지, 패션 산업 시스템 내에서 저널리즘이 어떤 위치에 있는지, 그리고 패션 저널리즘이란 용어는 그 정의가 무엇이고 특징과 기능, 목적 등이 무엇인지 알아본 후 패션 저널리즘을 신문, 잡지, TV, 인터넷 등으로 구분하여 그 역사와 현황, 특징, 문제점 등을 살펴보았다.

 그러나 저널리즘의 목적이라고 할 수 있는 공공성을 위해 패션 저널리즘이 다음과 같은 저널리즘의 기본 요소들을 잘 수행하였는지를 충분히 살펴보지는 못했다. 즉, 우리나라를 비롯한 전 세계 패션 저널리즘이 객관적인 사실을 올바르게 포착하여 일반 대중에게 전달하고 있는지, 또는 패션 저널리즘이 누구보다도 패션 대중에게 충실하였는지 패션 기업에만 더 충실하였던 것은 아닌지, 패션 저널리즘이 오락이나 선전의 관점이 아닌 검증의 규율 관점을 우선시하여 패션 대중에게 사실을 보도하였는지, 패션 저널리즘이 패션 산업 시스템 내의 어떤 권력으로부터도 독립되어 감시자 역할을 충분히 하고 있는지, 패션 저널리즘이 대중을 위한 패션 공개 토론 장터를 제공하여 왔는지, 패션 저널리즘이 패션 뉴스거리를 흥미롭고 적절하게 전달하였는지, 패션 저널리즘이 포괄적인 관점에서 패션 뉴스를 대중에게 조화롭게 제공했는지 등에 대해서 충분히 다루지 못한 채, 패션 저널리즘의 기초 개념과 이슈만을 나열식으로 살펴보았다.

사실, 패션 저널리즘은 이와 같은 저널리즘의 기본 요소를 충분히 지키지 않고 있을 뿐만 아니라 이들을 수행하기에 충분히 합당하지도 않다. 이는 패션 저널리즘만의 특별한 속성 때문인 듯하다. 패션이 갖는 휘발적 속성 즉 빠르게 생성되고 없어지는 단기적 생명 주기, 그리고 항상 패션을 뉴스거리로 만들어서 거대한 매출과 일자리를 창출케 하는 거대 산업의 네트워크 시스템, 이 시스템을 이용하여 새로운 하이패션을 추구하는 데 막대한 돈과 노력을 기울이는, 대중과 자신을 구별하기 위해 안간힘 쓰는 패션 권력자와 패션 리더가 패션 저널리즘을 움직이고 있기 때문이다.

패션 저널리즘은 대중에게 패션 뉴스나 정보 등을 제공하여 그들이 패션 생활을 자유롭게 스스로 통제할 수 있도록 하는 기능을 전혀 수행하지 못하고 있으며 오히려 대중이 패션 뉴스나 정보에 휘둘리도록 하고 있다. 또한 거대 글로벌 패션 업계의 대변인이라도 되는 듯 객관적이지 못한 패션 뉴스나 정보를 제공하는 경우가 점점 많아지고 있다. 대중이 아닌 글로벌 패션 업계에 충실한 저널리즘의 모습을 보이고 있는 것이다. 또한 항상 일반 대중의 시선을 끌기 위해 가십거리의 패션 뉴스를 제공하여 객관성의 검증은커녕 오락성이나 선전성만 더욱 부각시킨다. 항상 패션과 관련된 공개 토론 장터를 제공하고 있는 듯 보이지만, 산업 시스템 내에서 대중을 보호하는 감시자 역할을 하고 있지는 못하다.

  그러나 패션의 특성상 패션 저널리즘이 이러한 측면을 가지는 것에 대해 당연하다고 생각해서는 안 되며 내부적으로 스스로 많은 비판과 반성을 하여야 한다. 대중을 위해서만이 아니라 패션 저널리스트 스스로를 위해서 그리고 패션 시스템 내의 다양한 종사자를 위해서 스스로 비판과 반성을 하여야 한다. 1990년 이후 선진국을 비롯한 우리나라 패션 소비자들이 예전과는 달리 점차 패션과 패션 제품, 패션 브랜드에 대해 매우 냉정해지고 있다. 즉 패션에 무덤덤해지고 패션 제품이나 브랜드에 대해 충성도가 떨어지고 매우 합리적이고 냉정한 소비 행동을 하고 있다는 사실은 패션 관계자들도 이미 알고 있는 사실이다. 이러한 현상을 가져온 배경에는 국내 패션 저널리즘의 잘못된 방향도 한몫 했을 것이라는 생각이 든다. 합리적인 뉴스 보도로 대중에게 믿음을 주기보다 부풀려지고 튀는 뉴스나 보도로만 대중의 눈을 끌어온 패션 저널리즘의 양상이 초래한 결과다.

  패션 저널리즘이 이러한 속성에서 완전히 벗어나 다른 저널리즘과 동일한 길을 가는 것은 쉽지 않은 일이다. 그러나 패션 분야가 갖는 특정한 이점을 저널리즘의 기본 요소와 잘 통합하여 대중의 이해를 구하고 대중의 패션 생활의 질을 향상시킬 때, 패션이나 패션 산업, 패션 저널리즘은 다 함께 발전할 수 있을 것이다.

도움받은 책들

- 강미은. 『인터넷 저널리즘과 여론』. 나남출판, 2006.
- 고부자. 『우리생활 100년-옷』. 현암사, 2001.
- 김수진·한명숙. "뉴미디어 및 인터넷 시대에 부응하는 패션산업의 새로운 동향", 「복식문화연구」, 10(3), 2002.
- 김영숙. "패션저널리즘 연구의 접근방법 : 패션관련지와 패션광고의 관계를 중심으로", 「청예논총」, 10, 1996.
- 김영숙. "우리나라 잡지의 패션기사를 통해 살펴본 패션저널리즘의 동향", *Korea society of Design Studies*, 1997.
- 김영주. 『시사잡지와 잡지저널리즘』. 한국언론재단, 2006.
- 김윤희·김명진·황진숙. "매스미디어 활용이 메이크업 및 패션제품의 유행선도력에 미치는 영향", 「한국의류학회지」, 30(2), 2006.
- 김현순. "유니섹스 영 캐주얼웨어의 디자인 특성 연구", 「복식」, 51(6), 2001.
- 남수현·하지수. "패션잡지 미국 「보그 *Vogue*」에 나타난 패션 저널리즘", 「복식」, 57(1), 2007.
- 노혜은. "국내 라이선스 패션잡지의 기사내용에 관한 비교 연구". 이화여자대학교 대학원 석사학위논문, 2004.
- 다이애너 크레인·서미석 옮김. 『패션의 문화와 사회사』. 한길사, 2004.
- 리대용·김희정. "잡지광고의 여성역할이미지 및 그 변천에 관한 내용분석", 「광고연구」, 7-53. 1995.
- 박종민·곽은경. "신문광고 내 여성의 특징과 역할 : 1920년부터 2005년까지 조선일보, 동아일보 광고 분석", 「광고연구」, 77, 2007.
- 밸러리 멘데스·에이미 드 라 헤이·김정은 옮김. 『20세기 패션』. 시공사, 2003.
- 빌 코바치·톰 로젠스틸. 『저널리즘의 기본 요소』. 한국언론재단, 2003.

- 손이정 · 이언명 · 이인성. "대중매체를 통해 본 골드미스의 상징성과 패션에 관한 연구",「복식」, 57(8), 2007.
- 신동선. "패션 잡지의 저널리즘적 특성에 관한 연구-「월간 멋」의 내용분석을 중심으로-", 한성대학교 예술대학원 석사학위논문, 2002.
- 안병기.『패션트랜드 정보기획론』. 경춘사, 2006.
- 앤드류 터커 · 탬신 킹스웰 · 김은옥 옮김.『패션의 유혹』. 예담, 2003.
- 엘리자베스 루즈 · 이재한 옮김.『코르셋에서 펑크까지 : 현대사회와 패션』. 시지락, 2003.
- 오희선.『재미있는 패션이야기』. 교학연구사, 2002.
- 우병현.『디지털미디어와 저널리즘』. 한국학술정보㈜, 2001.
- 유수경.『한국여성 양장변천사』. 일지사, 1990.
- 윤영철. "방송 저널리즘 프로그램 진행자의 의견 개입에 관한 연구: KBS 뉴스 9, 생방송 시사투나잇, 추적60분의 비교분석",「언론정보연구」, 44(1), 37-64, 2006.
- 은영자 · 최윤혜 · 형승희. "매일신문에 나타난 복식현상에 대한 연구(1)",「복식」, 37, 1998.
- 은영자 · 최윤혜 · 형승희. "매일신문에 나타난 복식현상에 대한 연구(3)",「복식문화연구」, 9(2), 1998.
- 이성희. "패션저널리즘 문제 연구 : 5개 종합일간지를 중심으로". 이화여대 대학원 석사학위 논문, 2004
- 이성희. "일간지 패션지면을 벗긴다",「관훈저널」, 2002(여름호)
- 이성희 · 조규화. "한국 패션저널리즘의 현황과 분석(1) : 5개 종합 일간지를 중심으로" 패션비즈니스, 8(4), 2004.
- 이은택 · 이창호.『저널리즘의 이해』. 한국방송통신대학교 출판부, 2006.

- 이희남. "패션미디어로서의 패션잡지에 관한 고찰", 「상지대학교 논문집」, 9, 1998.
- 이희승·조규화. "영스트리트 패션 형성에 미친 팝 스타의 패션스타일 연구", 「패션비즈니스」, 10(4), 2006.
- 장건희. "글로벌 스포츠 이벤트에 대한 스포츠저널리즘 연구, 토리노 동계 올림픽 방송보도 분석을 중심으로-", 「한국스포츠리서치」, 17(2), 2006.
- 장성은·정혜정. "패션리더로서의 재클린 케네디의 의상 연구", 「복식」, 55(6), 2005.
- 정근원. "최근 한국 영화의 문제점과 대안 모색 : 매체변혁의 시대, 한국 영화 어떻게 살아 남을 것인가", 「저널리즘비평」, 8(1), 1992.
- 조우영. "패션잡지에 나타난 스타일링 연구 : 이태리 「보그」의 패션화보를 중심으로", 홍익대학교 산업미술대학원 석사학위논문, 2004.
- 최서영. 『한국의 저널리즘 : 120년의 역사와 사상』. 커뮤니케이션북스, 2002.
- 캐서린 맥더머트·유정화 옮김. 『20세기 컬렉션 디자인 : 13가지 키워드로 읽는 20세기 디자인』. 동녘, 2003.
- 필리프 페로·이재한 옮김. 『부르주아 사회와 패션 : 19세기 부르주아 사회와 복식의 역사』. 현실문화연구, 2007.